Otros libros de Sabrina Mesko
(en Inglés)

HEALING MUDRAS: Yoga for Your Hands – New edition

Healing Mudras I. – For Your Body – full color edition
Healing Mudras II. - For Your Mind – full color edition
Healing Mudras III. – For Your Soul – full color edition

CHAKRA MUDRAS - DVD double set

POWER MUDRAS: Yoga Hand Postures for Women – New edition

Mudras for the Zodiac Series:
Mudras for Aries
Mudras for Taurus
Mudras for Gemini
Mudras for Cancer
Mudras for Leo
Mudras for Virgo
Mudras for Libra
Mudras for Scorpio
Mudras for Sagittarius
Mudras for Capricorn
Mudras for Aquarius
Mudras for Pisces

MUDRA THERAPY – Hand Yoga for Pain Management and Conquering Illness

YOGA MIND – 45 Meditations for Inner Peace, Prosperity and Protection

LOS MUDRAS SANADORES

El yoga de las manos

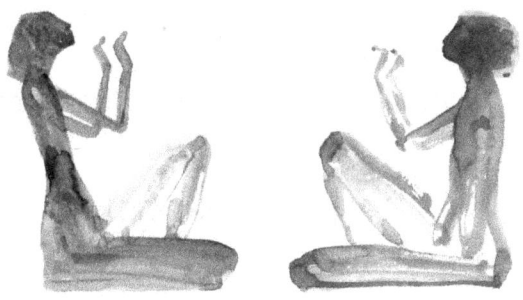

NUEVA EDICIÓN

Sabrina Mesko Ph.D.H

El material contenido en este libro no pretende ser un consejo médico.
Si usted tiene un problema médico o enfermedad,
consulte a un médico calificado.

TÍTULO DEL ORIGINAL

HEALING MUDRAS

Mudra Hands™ Libro
Publicado por Mudra Hands Publishing

Copyright © 1997, 2000, 2013 Sabrina Mesko Ph.D.H.

Fotografias de Dorothy Low
Ilustraciones de Kiar Mesko
Diseño de vestuario, diseño de la foto, y el estilismo de Sabrina Mesko

ISBN-13: 978 - 0692265116
ISBN-10: 0692265112

Publicado originalmente por Random House, 2000

Nueva edición

No está permitida la reproducción total o parcial de este libro, ni su tratamineto informático, ni la transmisión de ninguna forma o por cualquier medio, ya sea electrónico, mecánico, por fotocopia, por registro u otros métodos, sin el permiso previo y por escrito de los titulares del Copyright.
Reservados todos los derechos.

Para los mejores padres del mundo,
Bibi y Kiar

ÍNDICE

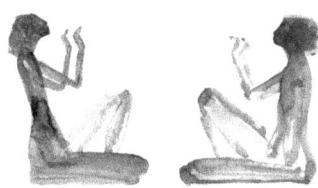

Introducción 16
La historia del arte de los mudras 18

La práctica de los mudras 22
Instrucciones para la práctica 22
    ¿Dónde puedo practicar los mudras? 22
    ¿Cómo puede practicar los mudras? 22
    ¿Cuándo debería practicar los mudras? 22
    ¿Con que frecuencia puedo practicar los mudras? 22
    ¿Cuánto tiempo debo practicar los mudras? 23
Meditación 23
Respiración 24
Concentración 24
Movimientos oculares 26
Visualización 26
Afirmaciones positivas y oraciones 27
Mantras 27
La guía para pronunciar los mantras 28
Los manos 29
Los chakras 30
Las corrientes eléctricas 33
Los colores de sanación 33
El aura 35
Algunas sugerencias útiles para los mudras 36

Parte 1. El alma..39
Mudra para:
- La adoración divina..................................40
- La felicidad..42
- El amor..44
- La energiá universal y la eternidad................46
- La confianza...48
- La integridad interior...............................50
- Evocar la fuerza interior............................52
- La sabiduría...54
- La ternura...56
- La meditacíon..58
- Obtener una guía.....................................60
- De ayuda para una situación grave....................62
- Tomar consciencia....................................64
- La satisfacción......................................66
- La prosperidad.......................................68
- La Consciencia Superior..............................70

Parte 2. El cuerpo..73
Mudra para:
- Detener el envejecimiento............................74
- Fortalecer los nervios...............................76
- Proteger la salud....................................78
- Prevenir el estrés...................................80
- Tener los pechos y el corazón sanos..................82
- Sentir su cuerpo energético..........................84
- Prevenir el agotamiento..............................86
- La sanación después de un desastre natural...........88
- Superar adicciones...................................90
- Curar un corazón herido..............................92
- Eliminar el cansancio................................94
- Hacer dieta..96
- Revitalizarse..98
- Equilibrar la energía sexual........................100
- La longevidad.......................................102

Parte 3. La mente......105
Mudra para:
    Pasar une buena mañana......106
    Afrontar el miedo......108
    Liberarse de culpa......110
    Fortalecer el character......112
    La concentración......114
    Superar la ansiedad......116
    Reascender la ira y prevenir las jaquecas......118
    Agudizar la mente......120
    La paciencia......122
    La seguridad interior......124
    Calmar la mente......126
    Llevarse bien con los hijos......128
    Alejar las dificultades......130
    La eficiencia......132
    Tranquilizar la mente......134
    Disminuir las preocupaciones......136
    Eliminar la depression......138
    Tener confianza en sí mismo......140
    Hablar correctamente......142
    Desbloquear la mente subconsciente......144
    La compasión......146
Acerca da la autora......149

LOS MUDRAS SANADORES

El yoga de las manos

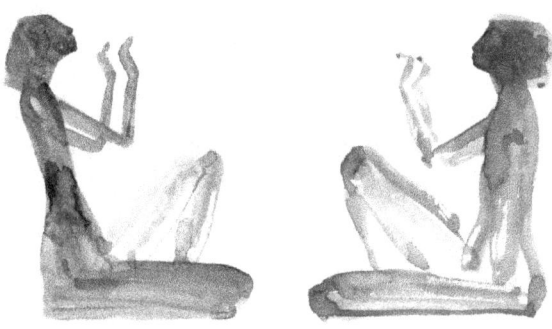

ÍNTRODUCCION A LA HISTORIA
Y AL ARTE SE LOS MUDRAS

El viaje que he realizado para crear este libro ha sido prologado pero inspirador, y es indudable que me a llevado varias vidas escribirlo. Estoy convencida de que todos tenemos una misión en la vida que hemos elegido realizar - incluso antes de nuestro nacimiento. Este libro es mi misión.
Encontrar el propósito que uno tiene en la vida puede ser todo un desafio. Es posible que usted piense que sabe por qué está aquí y conoce lo que se supone que debe hacer con su vida. Sin embargo, un suceso o una serie de sucesos pueden desarraigarlo, descentrarlo y depositarlo en un camino completamente nuevo. Por sorprendente que pueda parecer, a menudo descumbrimos que este camino es el que estábamos buscando desde hace mucho tiempo, aunque no sea el que habíamos vislumbrado para nosotros mismos.
Me crié en Eslovenia, en el seno de una familia de artistas y de enorme talento. Mi padre es escultor, mi madre es periodista y lingüista. Todos los días durante mi infancia he estada rodeada de amor y de la apreciación por la belleza, y lo que veía a mi alrededor era el efecto de profundidad y alegría que el arte imprime a la vida diaria. El amor por la danza y la música se desarrolló en mi aun antes de que fuera capaz de andar. En mi adolescencia ya me habiá convertido en una bailarina profesional y viajaba con compañías de ballet clásico por toda Europa.
Como siempre he sentido un gran deseo de ayudar a la gente,también enseñé a bailar a niños ciegos y discapacitados. Esta experiencia confirmó mi convicción de que un buen estado de ánimo y una respuesta favorable, pueden marcar una gran diferencia en nuestra capacidad para afrontar los desafíos que nos presenta la vida. El mundo puede parecer un lugar difícil, y es muy importarte que nos demostremos mutuamente, y muy especialmente a nuestra generacíon más joven, que somos capaces de conseguir nuestros sueños y que podemos hacerlo sin faltar a nuestras creencias ni a nosotros mismos. Creo con toda certeza que existe una respuesta positiva y gratificante a todos los problemas que se nos presentan en nuestra vida. Nuestra misión diaria es encontrar el mejor camino, echarnos a andar por él y abrirlo para la persona que está detrás de nosotros. Juntos podemos transformar nuestro mundo en un lugar armonioso y feliz.
Para ser más eficaces a la hora de realizar nuestra misión diaria y nuestra misión en la vida, y con el fin de afrontar eficazmente los retos de la vida, debemos encontrar primero la fuerza y la paz dentro de nosotros mismos. Las técnicas presentadas en este libro le ofrecen la clave para desbloquear

los limitados poderes que habitan en el interior de sí mismo. Usted ha nacido con todos los recursos interiores que necesita - solo tiene que descubrirlos y desarrollarlos. Este libro sobre los mudras es una guía sencilla para descubrir sus poderes sagrados y liberarlos con el fin de poder utulizarlos diariamente. Mudra es la contraseña para los datos de su ordenador interno - su poder invisible. Todo lo que tiene que hacer es activar una función por vez - presentamos un mudra en cada página con el fin de que usted pueda avanzar a su propio ritmo en el desarrollo de esta fuerza espiritual - y pronto descubrirá una nueva forma de volver a programar su cuerpo, su mente y su alma para disponer de todo su potencial.

Comencé a practicar yoga después de una lesión de espalda que se interpuso en mi carrera de bailarina. Finalmente, fue capaz de descubrir que la danza había sido solamente el camino de conexión con mi verdadera misión en esta vida que era la de estudiar y enseñar yoga - particularmente el yoga que se puede aplicar a la vida diaria. Los mudras son maravillosamente efectivos - y muy sencillos de practicar -, aunque hasta el momento no han sido divulgados como una técnica para la vida.

Aunque he estudiado diferentes métodos de meditación y diversas técnicas durante muchos años, tardé mucho tiempo en desarrollar una profunda comprensión de las posturas de las manos de los mudras. Aparte de unos pocos mudras muy básicos utilizados para las meditaciones comunes, los más de cien mudras jamás habían sido enseñados. Durante varios años, mientras estudiaba yoga y medicina holística, no pude encontrar ninguna información sobre los mudras. Sin embargo, no dejé de buscar y tuve la fortuna de conocer maravillosos profesores y maestros que me introdujeron en el arte de los mudras. Como suele decirse, cuando el aprendiz está preparado aparece el maestro. Esto ciertamente sucedió en mi caso. Cada vez que me sentía preparada para pasar a otro nivel de mi formación, los sucesos se desarrollaban de un modo tal que me conducían a mi próximo maestro. Mientras estudiaba meditación, respiración y yoga, tenía la constante sensación de que me estaban recordando algo familiar en vez de estar aprendiendo algo completamente nuevo. Cuando finalmente comencé a practicar por primeravez las técnicas de los mudras, instantáneamente sentí que todo mi viaje vital tenía sentido. Actualmente me produce mucho goce le hecho de compartir este conocimiento y esta técnica con ustedes, y tengo la sensacíon de haber cumplido mi trabajo.

UNA BREVE HISTORIA

Las posturas de las manos han sido propias de todas las culturas que existen sobre la tierra y se pueden considerar esenciales en la civilización : los antiguos egipcios, los romanos, los griegos, los persas, los aborígenes australianos, las antiguas culturas india, china, africana, turca, maya, inuit, la de las islas Fidji, y los nativos americanos utilizan el lenguaje de las manos.
Hoy en día aún utilizamos el lenguaje de las manos. Pensemos en el gesto universal de estrecharse las manos - un signo de amistad y paz. El aplauso es el lenguaje para la aprobación y el entusiasmo; cuando queremos reprender a alguien, lo señalamos con el dedo índice; una mano en alto que enseña la palma indicaque los detengamos.
Existen muchos puntos de vista en relación con el desarrollo de los gestos con las manos. Los científicos han demonstrado que incluso los monos se comunican con las manos y creen firmemente que los gestos con las manos han sido la base para el lenguaje hablado. Un niño ciego que jamás ha visto, aplaudirá para expresar entusiasmo y alegría. Muchos de los gestos que hacemos con las manos son universales y tienen miles de años de antigüedad. En Egipto, hace casi cinco mil años, los sacerdotes y las sacerdotisas hacían gestos con las manos en las oraciones rituales. Los gestos sagrados con las manos eran la clave para comunicarse con los dioses, manifestar milagros y conectar con la otra vida. Los egipcios grabaron estos gestos sagrados en bajorrelieves sobre las paredes se las pirámides y en el interior de las mismas y se convirtieron luego en la base de sus jeroglíficos. Estos movimientos, y el conocimiento de su poder espiritual y de su utilizacíon, viajaron hacia Egipto hasta Italia y la India.
A estos gestos en la India se los denominó con la palabra sánscrita "mudras". Pronto se convirtieron en una parte irreemplazable del yoga, que tiene como objetivo conectar al practicante con la energía cósmica y divina. Los mudras se convirtieron en la esencia de esta comunicación divina tanto en el budismo como en el hinduismo. Los monjes budistas desarrollaron aún mas la comprensión de los mudras y los utilizaron para rituales de oración, una práctica que aún permanece viva en nuestros días. Platón situaba los gestos con las manos entre las virtudes civiles de la antigua Grecia, donde se clasificaba a los gestos con las manos en cómicos, trágicos y satíricos. Desde

Egipto y Grecia los gestos con las manos se trajeron a Roma, donde se convirtieron en un elemento esencial en la cultura y el discurso popular.

Durante el reinado del emperador Augusto en Roma, los movimientos de las manos en las danzas de pantomima se constituyeron en el deleite personal del emperador.

Se celebraban competiciones entre los mejores bailarines que empleaban los gestos con las manos, y toda Roma estaba dividida según cuáles fueran sus favooritos. El más distinguido era a menudo denominado el Filósofo Bailarín.

Existe una historia de una etapa posterior del imperio que narra la visita del rey armenio para presentar sus respetos al emperador Nerón. Cuando llegó la hora de su despedida, se le preguntó qué era lo que gustaría llevarse a casa, y él respondió: "El bailarín que gesticula con las manos, porque habla mejor con ellas que mi pueblo con las palabras".

En el año 190 había en Roma seis mil bailarines dedicados al arte de los gestos con las manos. Su popularidad continuó hasta el siglo sexto d.de C. Los gestos sagrados con las manos se emplearon también en las prácticas religiosas de los judíos. En diversos retratos de Moisés es posible observarlo utilizando mudras es gestos de bendición, protección divina, conocimiento y como un modo de recibir la guía divina.

En el cristianismo los mudras asumieron una forma menos evidente. Las posturas estilizadas de las manos están casi siempre en los retratos de Jesús. Sin embargo, no se enseñó a la mayoría da las personas el significado de dichas posturas. Por esta razón, las personas pertenecientes a culturas occidentales han perdido el conocimiento del poder sagrado y de sanación de los mudras y los utilizan mayoritariamente como gestos expresivos en la comunicación.

En las pinturas italianas pertenecientes al Renacimiento y a las épocas anteriores a él, una de las posturas más comunes es la que conecta el pulgar con el dedo índice. Su significado es que el ego - el dedo índice - reverencia a Dios - el pulgar - en amor y unidad. En el uso popular napolitano, ese gesto se denomina el beso del pulgar y el índice - el signo del amor. En los retratos seculares , ese gesto se traduce en la aprobación del amor y el matrimonio. Algunos nativos americanos lo han utilizado para indicar que consideran que algo está bien y que lo aprueban.

Otro gesto común en las pinturas religiosas es el de la palma vuelta hacia arriba. Esta postura data de siglos atrás y significa apertura e indignación. En este libro forma parte del mudra que se utiliza para pedir una guía y tambíen del mudra para afrontar los miedos. Cuando usted pide al universo que lo proteja y lo guíe, la palma se coloca de vuelta hacia arriba para que sea posible poner algo en ella - algo puede serle dado.

Los indios americanos tradujeorn este gesto como: ¡Dame!
Una posición en la cual el dedo índice se mueve en círculo posee una conexión universal - específicamente "no", rechazo en las culturas italiana, japonesa y de los nativos americanos, entre otras. Cuando el dedo índice apunta pero no se mueve, en el uso popular y en el gran arte italiano significa indicio, justicia, indicar algo (lo que ha conducido al nombre del dedo índice). También puede querer decir silencio, atención, número, mediacíon y demonstración. Los nativos americanos se encuentran entre los más afamados comunicadores a través de los gestos con las manos, que a menudo utiliza para conversar frente a los extraños. Los primeros colonos blancos creían que los indios americanos rara vez utilizaban el lenguaje hablado, puesto que casi siempre los veían hablando con las manos. Sin embargo, los indios eran precavidos y utilizaban los gestos con las manos a sabiendas de que los europeos no los comprendían. Más adelante los nativos americanos desempeñarían un papel fundamental en la comunicación con los niños sordos.
En México se han encontrado signos de manos en antiguos y elaborados grabados, y también se los puede observar an la cerámica de la antigua Grecia y en jarrones homéricos. El alfabeto chino realmente se originó como una representación de los gestos de las manos. Existen muchos puntos en común entre los gestos de las manos de los nativos americanos, los chinos, los egipcios y las culturas africanas. espero que los arqueólogos , antropólogos y lingüistas puedan llegar a conjeturar de qué forma estos gestos universales llegaron a ser utilizados en puntos tan distantes del mundo. Los gestos con las manos son la madre de toda la comunicación y son realmente poderosos. El arte de los mudras es de inspiración divina: nos permite comunicarnos con lo divino, desarrollar y aspirar a cualidades superiores y mantener un lenguaje popular comprendido a nivel universal. Los mudras son nuestra conexión con el juego divino del cosmos.
El paso del tiempo ha hecho revivir y apreciar la dádiva de la práctica de los mudras para poder utilizar éstas técnicas antiguas sumamente eficaces y poderosas en la vida cotidiana. Los mudras le ayudarán a perseguir sus sueños: su vida está en sus propias manos. Este libro es la manifestación de mi sueño de dedicarme al servicio. Ahora está usted sosteniéndola en sus manos, y basándome en mi experiencia personal puedo afirmar que los mudras le ayudarán a encontrar lo mejor de sí mismo; a sanar su mente, cuerpo y espíritu; a mejorar su vida; y a conducirlo hasta un nuevo nivel de consciencia de sí y de poder personal.
Espero que disfrute descubriendo el mundo de los mudras y conociendo su naturaleza espiritual innata y sus propios dones. Los mudras le ayudarán a

sanar su alma y también este mundo. Estaré eternamente agradecida por haber recibo la oportunidad de ser el instrumento para la transmisión de estas enseñanzas sagradas para usted.
Una en Espíritu, amor y paz.
Sabrina

Mudra para serenar la mente.

La práctica de los mudras

Instrucciones para la práctica

¿Dónde puedo practicar los mudras?
Para practicar los mudras, encuentre un sitio silencioso, tranquilo e íntimo, donde nadie pueda perturbarlo. Si eso no siempre fuera posible, puede usted practicar la mayoría de los mudras - que son muy discretos - en cualquier lugar.

¿Cómo puedo practicar los mudras?
Durante la práctica, es mejor sentarse en una posición cómoda. Puede sentarse sobre un cojín o una manta en una postura con la piernas cruzadas o también en una silla asegurándose de que el peso del cuerpo recae en ambos pies por igual. Lo más importante es que mantenga la espalda recta. Encuentre una postura en la que se encuetre a gusto sentado y que **no** le resulte dolorosa.

¿Cuándo debería practicar los mudras?
Puede practicar cualquier en cualquier mudra momento en que sienta la necesidad de conectar con la energiá que le ofrece.
Si está practicando un mudra para tomar consciencia o para mejorar su meditación, la hora del día en que es más concentrarse es inmediatamente después de levantarse por la mañana o por la noche antes de irse a dormir. Nunca debe practicar un mudra con el estómago lleno, porque en esas condiciones la energiá de su cuerpo - mente está concentrada en su abdomen. Su energía general es lenta y debe estar libre de obstáculos mientas se concentra en convertir el alimento en energía física.
Después de una comida, espere al menos una hora antes de practicar un mudra.

¿Con qué frecuencia puedo practicar los mudras?
Puede usted practicar la cantidad de mudras que desee cada día, pero para obtener el beneficio completo que un mudra puede ofrecerle, deseará al

menos establecer una duración de tres minutos para encontrarse cómodo con el mudra.
Para sentir rápidamente los beneficios, recomiendo que se practique el mudra elegido dos veces al día y por lo menos tres minutos cada vez. Seleccione un mudra que corresponda al problema que usted tiene o a la cualidad que desea desarrollar y tenga la perseverancia de practicarlo diariamente.

¿Cuánto tiempo debo practicar un mudra?

En principio debería practicar un mudra durante al menos tres minutos diarios, pero una vez haya desarrollado su fortaleza y su habilidad para mantener el mudra y evocar su energía, puede ampliar su práctica hasta once minutos. Finalmente, quizá desee extender su práctica hasta un máximo de treinta y un minutos por día.

La mayoría de los mudras le ofrecerán resultados inmediatos, en la forma de una mayor energía, claridad y paz mental, o una toma de consciencia. Los problemas más intrincados, o los que suponen un considerable desafio, requerirán más disciplina y perseverancia. Tardará unas pocas semanas en percibir el efecto de los mudras que le ayudarán a experimentar una profunda transformación y a eliminar o resolver su problema.

Meditación

Existen muchas técnicas de meditación diferentes. Si nunca ha meditado, al forma más sencilla de comenzar a hacerlo es encontrar un sitio tranquilo y sentarse cómodamente. Preste atención a su respiración: exhale e inhale lentamente por la nariz y concentrarse en el recorrido que hace su respiración hacia el interior y el exterior de su cuerpo. Mientras se concentra, permita que la consciencia de la respiración serene su mente y relaje su cuerpo. Ha comenzado usted a experimentar el estado esencial de la meditación.

Debido a la meditación, la temperatura de su cuerpo descenderá, de manera que cuando planifique meditar durante más de once minutos, deberá cubrir su espalda y sus hombros con un chal antes de sentarse.

Mediante los mudras y una correcta respiración, es posible alcanzar niveles más profundos de meditación. Experimentará paz, relajación, rejuvenecimiento y niveles superiores de consciencia.

Su intuición, su paciencia y su sabiduría aumentarán en gran medida, igual que su magnetismo personal y su nivel de vibración energética.

Respiración

Una correcta respiración es esencial cuando se practica un mudra. Existen básicamente dos tipos de respiración:
En la respiración profunda y prolongada, usted se toma su tiempo para inhalar y exhalar lenta y completamente por la nariz.
Cuando inhale, relaje el abdomen y expanda el pecho.
Cuando exhale, comprima el pecho y contraiga el estómago para ayudar a expeler el aire. Esta técnica de respiración le ayudará a relajarse, serenarse y ser más paciente.
En la breve respiración de fuego, inhale y exhale por la nariz a un ritmo mucho más rápido. Concéntrese en el ombligo que se expande para la inhalación y se contrae en la exhalación. Ambas partes de la respiración duran la misma cantidad de tiempo y pueden ser bastante rápidas: dos o tres respiraciones por segundo.
Esta técnica tiene un efecto más vigorizante.
Ambas técnicas son muy efectivas para desintoxicar y sanar.
Durante la práctica de los mudras es aconsejable utilizar la respiración profunda y prolongada, excepto cuando se indique lo contrario.

Concentración

Cuando se practican los mudras es importante concentrarse en el centro energético del Tercer Ojo, que se encuentra entre las cejas. El Tercer Ojo es el punto de su cuerpo - mente que conecta con más facilidad con las fuentes superiores de energía que existen en su interior y a su alrededor.
Si observa que su mente divaga mientas practica la meditación y los mudras, concentre su atención en su respiración y en el mudra que esté practicando. Inhale y exhale. Experimentará un efecto muy intenso, un aumento de la energía en todo su cuerpo. La práctica de los mudras afecta a cada individuo de un modo diferente y en distintos momentos. Algunas veces puede usted sentir un ligero cosquilleo en los brazos y las manos; en otras ocasiones acaso experimente una súbita descarga de energía a lo largo de su columna vertebral. Permítase sentir y observar todo lo que le sucede. Si se concentra en las diferentes sensaciones y no opone resistencia, se magnificarán los beneficios sanadores para su cuerpo, mente y espíritu.

El mudra de la rueda de la vida, yin y yang.
Su centro del tercer Ojo es el punto que se encuentra entre las cejas.
Concentrando su atención mental en este centro energético de la intuición,
puede practicar la visualización y recibir guía y visiones.
Es su ventana para infinitas posibilidades.

Movimientos oculares

Los ojos son un elemento importante en la práctica de los mudras. El modo en que usted los utilice puede aumentar su concentración.
Puede mantenerlos entreabiertos y dirigir la mirada suavemente hacia la punta de la nariz. No se ponga bizco para hacerlo.
Simplemente mire hacia abajo y ligeramente hacia dentro hasta que perciba la punta de su nariz. Se trata de un ejercicio muy beneficioso para la vista.
Otra práctica es cerrar los párpados y volver la mirada hacia arriba en dirección hacia el tercer Ojo.
Si necesita mantener los ojos abiertos mientras medita, mire a una distancia media y relaje los párpados.
Es muy importante que curando se centre la mirada en algún punto, se lo haga con mucha suavidad. Nunca debe forzar sus ojos en una postura que le resulte incómoda o dolorosa.

Visualización

Todos sabemos soñar despiertos. En realidad, los sueños diurnos son una forma de visualización. En su mente usted puede crear una película, un mundo o un sueño en el cual desearía vivir. Visualizar donde le gustaría estar y cómo le gustaría vivir y manifestar su energía es el primer paso para hacer realidad un sueño. la práctica de los mudras hace posible que usted materialice sus sueños. El poder de su mente ilimitado. Vívalo, respírelo y lo convertirá en realidad.
Por ejemplo: cuando practique un mudra para oponerse al envejecimiento, visualice en su mente un resplandor de salud y juventud alrededor de su rostro. Véase a sí mismo y a su rostro vibrante y revitalizado. Al añadir el poder de su mente a la práctica de los mudras diaria y a la visualización, usted modificará y mejorará su aspecto, su energía y toda su vida.
A modo de otro ejemplo, cuando practique el mudra para la toma de consciencia, imagine que ha alcanzado una solución feliz para un problema que ha estado intentando resolver. Visualice cómo se sentiría si se hubieran terminado sus preocupaciones.
De esta visualización emergerá un enfoque positivo que le ayudará obtener un buen resultado.

Afirmaciones Positivas y Oraciones

Cuando usted medita, su mente se sintoniza con las necesidades de su cuerpo y usted aumenta su capacidad sanadora. Antes de meditar es muy importante que pronuncie una afirmacíon positiva para usted mismo. También puede afirmar energía positiva para otra persona, tal como lo haría en una oracíon.
Ejemplo; si practica el mudra para hacer dieta, es provechoso afirmar:"Solo tomo alimentos sanos. Estoy sano, delgado y satisfecho. Y estoy siguiendo mi dieta". Esta simple afirmación tendrá un efecto positivo para usted. Al meditar o rezar para otra persona, es de gran ayuda visualizarla rodeada por una luz blanca o violeta y afirmar: " Mi amigo/a está sano/a. feliz, pletórico/a de vida y sonriente".
Su afirmación siempre debe ser pronunciada a tiempo presente/ "Estoy tranquilo", y no"Estaré o deseo estar tranquilo".
O "Veo la solución en mi meditación". Esta afirmación positiva genera intensas vibraciones energéticas. Su energía es enviada hacia el universo y manifiesta sus deseos e intenciones, permitiendo que usted consiga sus objetivos con éxito, con honestidad y compasión. Las oraciones y las afirmaciones son especialmente poderosas durante la práctica de los mudras cuando su mente ésta serena y ha aumentado su concentración.

Mantras

Además de utilizar afirmaciones durante la práctica de los mudras y de la meditación, acaso desee también utilizar un mantra. Los mantras son antiguas palabras sánscritas de sanación con un potente efecto sobre todo su ser cuando se entonan repetidamente durante la práctica de los mudras o de la meditación. Su paladar tiene cincuenta y ocho puntos energéticos que se conectan con todo su cuerpo. Al estimular estos puntos con vibraciones sonoras se consigue influenciar la energía física y mental. Algunos de los sonidos que estimulan dichos puntos son muy sanadores. Cuando se repite en voz alta o se susurra estos antiguos mantras o combinaciones científicas de sonido - sanacíon, los meridianos del paladar se activan en un orden específico que reorganiza la energía de todo el sistema.
Existen tres mantras básicos que encontrará en este libro en diferentes combinaciones:

EK ONG KAR
(Un Creador, Dios es Uno)

SA TA NA MA
(Infinidad, nacimiento, Muerte, renacimiento)

HAR HARE HAREE WAHE GURU
(Ha-rah; hah-ray; hah-ree; wa-hay; guh-roo)
(Dios es el creador del Poder Supremo y la Sabiduría)

No toda la prática de los mudras requiere un mantra. Todos los mudras se pueden practicar en silencio y de acuerdo con el ritmo de su respiracíon. Puede emplear los mudras cuando está luchando con una mente inquieta, ya que al concentrarse en las palabras le resultará más fácil centrarse. Haga caso a su intuición cuando practique los mudras , y si se siente impulsado a entonar los mantras , hágalo cuando le parezca que es el momento oportuno. experimentará una profunda paz, goce y pasión. Su alma cantará con el universo.

La guía para pronunciar los Mantras

A como la *a* de casa
AA como la *o* de col
AY como el diptongo de *rey*
AI como la *a* de plan
I como la *i* de lis
U como la *u* de luz
OO como la *u* de luz
O como la *o* de no
E como el diptongo de *ley*
EE como la *i* de fin
AAU como el diptongo de *cauto*
SAT se pronuncia literalmente
NAM se pronuncia naom
WAHE suena como ua-ay
GU suena como tú

Se debe enfatizar la "ch",
pronunciar suavemente la consonante *v*
y ligeramente la *rs*.

Al cantar un mantra como "Hare Har Haree Har", asegúrese de que no mueve los labios , sino que los pronuncia solamente con la lengua.

Las Manos

Ambas manos y cada uno de los diez dedos tienen significados individuales y diferentes. cada uno corresponde a la energía de una determinada parte del cuerpo y a la energía de nuestro sistema solar. La mano derecha recibe la influencia del Sol y representa el lado masculino de nuestra naturaleza. La mano izquierda está gobernada por la Luna y Representa el aspecto femenino de nuestra naturaleza.

La mano derecha es receptora y la izquierda es la que ofrece los poderes positivos. Estos significados se reflejan tambíen en la posición de las manos que corresponde a cada uno de los mudras. Cada dedo está asociado a una especial habilidad, tendencia o característica y al modo en que afecta su vida.

El *pulgar* simboliza a Dios. Cuando el resto de los dedos se conectan con el pulgar, simbólicamente usted reverencia a Dios. El pulgar está asociado al planeta Marte y representa la fuerza de voluntad, la lógica, el amor y el ego. El ángulo que forma con el resto de la mano cuando está relajado indica su caracter. Una distancia de unos noventa grados entre el pulgar y el índice señala que es usted generoso y que tiene buen corazón. Una distancia aproximada de sesenta grados sugiere un carácter racional y lógico. Un espacio de alrededor de treinta grados indica una persona cauta, sensible y reservada.

Un pulgar largo y fuerte revela una poderosa personalidad, fuerza de voluntad y la capacidad para modificar su destino.

El dedo *índice* recibe la influencia del planeta Júpiter, y representa su conocimiento, sabiduría, sentido del poder y confianza en sí mismo.

El dedo *medio* es el indicador del planeta Saturno, y se relaciona con la paciencia y el control emocional. Por lo tanto, tiene la propiedad de equilibrar su vida.

El dedo *anular* conecta con el Sol, y representa la vitalidad, la energía vital y la salud. Corresponde a su sentido de la familia y a los asuntos del corazón.

El dedo *meñique* es el indicador del planeta Mercurio, que gobierna la capacidad para comunicar, ser creativo, apreciar la belleza y conseguir paz interior.

las puntas de los dedos pueden revelar cualidades de diferente naturaleza. Si la forma es ovalada, denota una persona impulsiva que necesita motivacíon. Una forma puntiaguda es común a las personas activas e independientes. Y una forma cuadrada indica una persona lógica y práctica.

Los Chakras

En nuestro cuerpo tenemos siete nervios y centros energéticos principales que se encuentran a lo largo de la columna vertebral. El primero de ellos se sitúa en la base de la columna y el séptimo en la parte superior de la cabeza. Estos centros denominan Chakras.

Su energía gira constantemente en el sentido de las agujas del reloj en el interior de nuestro cuerpo y tienen influencia sobre nuestra salud física, emocional y espiritual, a la vez también son influenciados por ella.

Con el fin de sentirnos equilibrados y en armoniá con nosotros mismos y nuestro entorno, es importante que conozcamos estos centros y sus funciones.

El primer chakra

Representa: La supervivencia, el alimento, el cobijo, la voluntad, las necesidades primarias

Ubicación: En la base de la columna vertebral

Glándula: Gónadas

Color: Rojo

El segundo chakra

Representa: La sexualidad, la procreación, la familia, la inspiración

Ubicación: En los órganos sexuales

Glándula: Suprarrenales

Color: Naranja

El tercer chakra

Representa: El ego, el centro emocional, el intelecto, la mente

Ubicación: En el plexo solar

Glándula: Páncreas

Color: Amarillo

El quatro chakra

Representa: El amor incondicional y verdadero, la devocíon, la fe, la compasión

Ubicación: En la región cardiaca

Glándula: Timo

Color: Verde

El quinto chakra

Representa: La voz, la verdad, la comunicación, el conocimiento superior

Ubicación: En la garganta

Glándula: Tiroides

Color: Azul

El sexto chakra

Representa: El Tercer Ojo, la visión, la intuición

Ubicación: En el Tercer Ojo

Glándula: Pineal

Color: índigo

El séptimo chakra

Representa: La consciencia Divina Universal, el cielo, la unidad, la humildad

Ubicación: En la parte superior de la cabeza, la coronilla

Glándula: Pituitaria

Color: Violeta

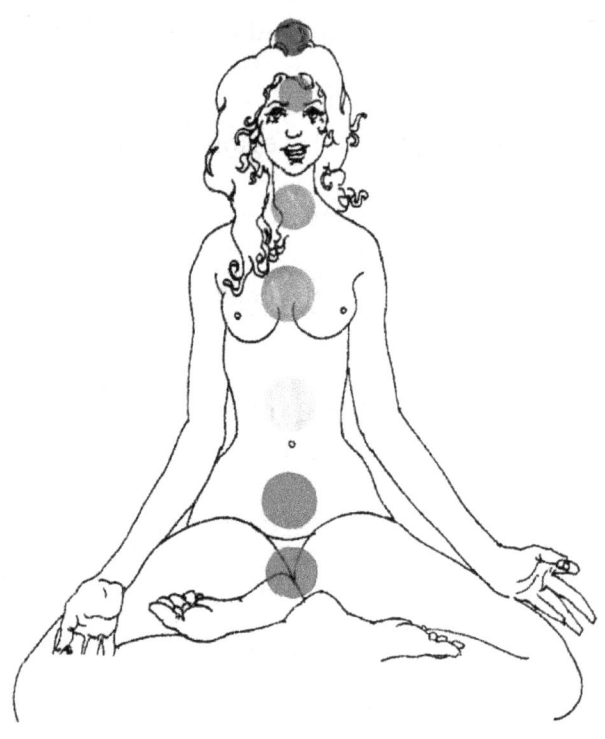

Chakras del Cuerpo

Chakra raíz: Las necesidades primarias
Segundo Chakra: La sexualidad
Tercer Chakra: El ego
Cuatro Chakra: El amor la verdad
Quinto Chakra: La verdad
Sexto Chakra: La intuicion
Séptimo Chakra: La sabiduría divina

Los mudras son un instrumento muy poderoso para revitalizar y equilibrar casa uno de los chakras, activar la corriente eléctrica de su cuerpo y liberar los poderes ilimitados que habitan en su interior. Ejemplo: cuando practique el mudra de la adoración divina puede visualizar los colores sanadores de cada chakra rodeando, llenando y revitalizando su cuerpo, empezando por el primer chakra y continuando en sentido ascendente hasta el chakra Corona.

Los Corrientes Eléctricas

Además de los siete chakras, también existen en su cuerpo setenta y dos mil corrientes de energía electrica o canales llamados *nadis* (se pronuncia "Nah dees"). Recorren todos los diferentes puntos del cuerpo, desde las puntas de los dedos de los pies hasta la parte superior de la cabeza. Los nadis tambíen afectan a todo el sistema. mantener estas corrientes energéticas activadas y llenas de un flujo poderoso de energía es esencial para su bienestar. Cada mudra imprime una nueva dirección a la energía que fluye a través de esos canales, la activa y la fortalece, a la vez que estimula los centros cerebrales, los nervios y los órganos, lo que supone un beneficio para todo el sistema neuromuscular físico y glandular.

Colores de Sanación

Utilizando el poder sanador de los colores es posible ampliar la práctica de los mudras. Los colores del arco iris que tienen los chakras sanan y revitalizan las partes correspondientes del cuerpo. Usted puede rodearse de los colores adecuados cada vez que medite o visualice los colores mientas practica los mudras.

Por ejemplo, cuando practique el mudra para favorecer una intensa toma de consciencia, puede visualizarse rodeado de una luz blanca o violeta. Así aumentará su capacidad intuitiva. llevar ropa de un determinado color también influenciará su visión general de la vida.

Mudra del Yin, el poder femenino.

Ejemplos:

El color *rojo* afecta positivamente su vitalidad y le ayuda a centrarse y conectar con la tierra.

El color *anaranjado* fortalece su sexualidad, su creatividad y sus relaciones.

El color *amarillo* lo hace sentir lleno de energía y de fuego.

El color *verde* es adecuado para los días en que necesita sanar su corazón y sentir amor.

El color *azul* tiene un efecto relajante sobre el aura o el campo energético que rodea su cuerpo y le ayudara a ver y decir la verdad.

El color *índigo* aumentará su intuición y su sexto sentido.

El color *violeta* es un color que ayuda a calmarse, centrarse y conectar con los poderes sanadores universales.

El color *negro* le ayudará a comunicarse como un líder.

El color *blanco* le hará sentirse puro y limpio y le ayudará a eliminar los sentimientos negativos o la depresión.

Reflexione sobre los mensajes que su cuerpo le emitir cada mañana y observe qué color se siente inclinado a usar y con cuál color se siente más cómodo en días diferentes.

El Aura

Nuestra aura, o cuerpo energético, está formada por vibraciones energéticas electromagnéticas que incluyen color, luz, sonido, calor y emociones. Nos rodea como un resplandor que normalmente es invisible. Sin embargo, con práctica y concentración, usted puede aprender a ver el aura. El mudra para sentir el cuerpo energético es especialmente efectivo para ayudarle a diferenciar las auras. Cuando nuestra fuerza magnetica invisible es muy vibrante, esto significa buena salud, poder personal y capacidad para la sanación.

Algunas sugerencias útiles sobre los Mudras

Algunos mudras pueden parecer en principio muy similares entre sí. Sin embargo en la práctica son muy diferentes: cualquier detalle en la postura de las manos y los dedos resulta importante y significativo. Cuando usted preste mucha atención al practicar los mudras, reconocerá la diferencia. Como ya hemos mencionado, la punta de cada uno de los dedos se conecta con un centro corporal diferente y con una determinada corriente de energiá.

Concéntrese en el mudra que está practicando y observe la diferente sensación o efecto que cada uno de ellos le produce. Puede practicar un mudra determinado o combinar varios en la misma sesión. Aprenda a escuchar su cuerpo.

Ejemplo: si está sometido a un fuerte estrés y necesita concentrarse, practique el mudra para prevenir el estrés. Deje pasar tres minutos y siga con el mudra para la concentración. Mientras prueba las diferentes combinaciones, la lógica de su cuerpo - mente y su intuición lo guiarán. La belleza de los mudras es que es posible practicarlos en cualquier parte, en cualquier momento y en el orden que desee. Esta antigua ciencia de los mudras es compleja en cuanto a los beneficios que nos ofrece, pero muy simple en la práctica.

Ahora que conoce usted algo sobre el poder y la historia de los mudras y algunos rudimentos de la práctica de la meditación, está preparado para probar algunos mudras y aplicar su energiá a su vida. En la siguiente sección encontrará mudras para su alma, mudras para curar enfermedades físicas y mudras para resolver estados conflictivos de la mente, entre otros. Cada uno de estos cincuenta y dos mudras tradicionales pueden ser un instrumento espiritual que le ayude en su propio proceso de autodescubrimiento y para que sea usted capaz de resolve de forma creativa sus problemas. Confío en que lo ayudarán a encontrar más placer, a tomar más consciencia y a tener más poder en su viaje vital.

LOS MUDRAS

Parte 1

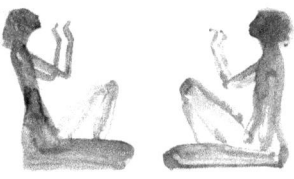

El Alma

Su alma es inmortal...
Reveréncie la

Este capítulo contiene dieciséis mudras que le ayudarán a confiar en y comunicarse con la energía del amor divino, del poder y de la sabiduría, que son la fuente y el sostén de todos los seres humanos. Cuando necesite una guía, amor y fortaleza interior, puede usted nutrir su alma con la práctica de los mudras. Una vez que haya satisfecho sus propias necesidades puede seguir desarrollando su propia energía para fortalecerse y conectarse con el universo, adquiriendo la capacidad para ayudar a aquellas personas que necesiten ayuda.

Puede practicar un mudra o varios de ellos cada día. Esto le ayudará a sentirse lleno de paz, de gozo y del conocimiento de que usted es profundamente amado y protegido por el Creador.
Después de dedicarse a la práctica de los mudras, pase unos momentos en completa paz y silencio para percibir sus efectos.
Si usted cumple su parte, manteniéndose abierto a lo Divino, todo lo demás la será dado.

Mudra para la Adoración Divina

El objetivo esencial del yoga es centrarse, serenarse y ser uno con la Divinidad, el Dios o la Inteligencia Universal. Ser respetuoso con el Poder Superior, confiar en él y estar en armonía con el universo son los requisitos para conseguir la paz interior. Cuando advertimos que todos hemos sido creados iguales y que todos estamos conectados con la fuente última de la energía espiritual, nos sentimos fortalecidos y en armonía.

El mudra para la adoración divina es el simbolo universal para la oración y ha sido utilizado en el mundo entero por santos y sabios de diversas culturas y tradiciones espirituales. A veces comienza con una reverencia para mostrar nuestra humilidad ante el Poder Divino. Unir las palmas y todos los dedos simboliza launidad y el ser uno con lo Divino y aumenta la energía sanadora que reside en nuestro interior.

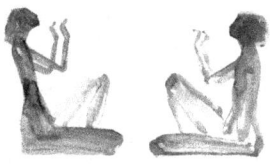

Chakra: Todos los chakras
Color: Todos los colores
Mantra: EG ONG KAR
(Un Creador, Dios es Uno)
Repita el mantra mentalmente con cada respiración.

Siéntese en una posición cómoda. Junte sus palmas frente a su pecho. Concéntrese en el centro del Tercer Ojo.
Respiracíon: Prolonga da y profunda. Relaje su mente y mantenga la postura durante al menos tres minutos.

Mudra para la Felicidad

La felicidad es un estado mental proviene de nuestro interior, igual la verdadera belleza emana de nuestro estado espiritual interno. Usted puede elegir hacer un esfuerzo consciente para recibir cada nuevo día y los sucesos que trae consigo con una actitud feliz y positiva y para apreciar lo que tiene. Con la práctica regular de este mudra usted puede ser feliz y parecerlo y además ser un ejemplo positivo para los demás. Póngase como objetivo ser feliz hoy, mañana y el resto de su vida.

El poder de este mudra tiene un gran fecto sobre su estado mental y le ayudará a sentirse alegre.

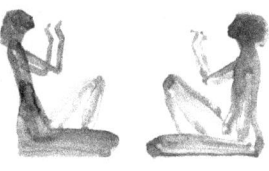

Chakra: Corazón, 4
Color: Verde

Siéntese cómodamente con la espalda recta. Doble los dedos anular y meñique y presiónelos contra la espalda, firme pero suavemente con la ayuda de los pulgares. Mantenga los primeros dos dedos extendidos y apuntando hacia arriba. Mantenga su columna vertebral recta y eleve los codos hacia los costados, lejos del cuerpo.

Respiracíon: *controlada, prolongada y profunda; Concéntrese en el tercer ojo mientras respira.*

Mudra para el Amor

Independientemente de que se trate del amor por uno niño, por uno de los padres, por un amigo, por un amante o por cualquier otra criatura viviente, el amor nos transforma. Hace que merezca la pena vivir la vida. Compartir nuestro amor con el mundo y enseñar el amor a lod demás es la misión espiritual básica de la vida de todos los individuos. ´Amese a sí mismo, ame a la humanidad y a Dios y será capaz de conseguir cualquer objetivo.

Este mudra activa las corrientes de energía
que estimulan la emoción del amor.

Chakra: Corazon, 4
Color: Verde
Mantra: **SAT NAM WAHE GURU**
(Dios es Verdad, él es el Poder Supremo y la Sabiduría)
Inspire contando hasta ocho y exhale da una vez.
Repita mentalmente dos veces cuando inhale.

Siéntese con la espalda recta. Doble los dedos medio y anular hacia las palmas mientras extiende los pulgares, los índices y los meñiques. Mantenga los codos elevados, concéntrese y mantenga la postura durante unos minutos sintiendo el amor y la luz a su alrededor.

Respiración: contar hasta ocho durante la inhalación, una sola exhalación intensa.

Mudra para la Energía Universal y la Eternidad

Todos los días utilizamos únicamente una pequeña parte de nuestra mente consciente. La práctica de este mudra estimulará todo su cerebro para que usted pueda ampliar dicha capacidad. Al mentener la energía fluyendo por todo su cuerpo y su mente y al aprender cómo recargarlos cada día, permanece usted en estrecha conexíon con la energía de la vid y el universo en su conjunto.

Este mudra e beneficioso para odo su organismo.
Las manos son sus canales para introducir
la energía de la vida en su cuerpo,
mente y alma.

Chakra: Raíz, 1, Corona, 7
Color: Rojo, violeta
Mantra: **HAR HARE HAREE WAHE GURU**
(Dios es el Creador del Poder Supremo y la Sabiduría,
el Maestro Espiritual y la Guía a traves de la oscuridad)
Repita el mantra mentalmente con cada respiración.

Siéntese con la espalda recta. Doble sus codos, abra sus brazos a cada lado del cuerpo y eleve la manos hasta la altura del corazon. Su torso y sus brazos formarán dos V. Mantenga las palmas hacia arriba en dirección al cielo con todos los dedos unidos. Concéntrese en el Tercer Ojo y sienta el flujo de energía en sus palmas. Relájese y experimente una profunda sensacíon de paz.
Respiración: Prolongada, profunda y controlada.

Mudra para la Confianza

Ninguna relación puede sobrevivir durante mucho tiempo si no existe confianza. en principio es necesario que tenga fe y confianza en sí mismo, en su espíritu y en la mayor sabiduría del universo. ¿Se fía usted de sí mismo? ¿Tiene fe en sí mismo? Todos estamos conectados con la fuerza creativa final y el Espíritu Divino, que nos rodea y que también reside en nuestro interior. Nunca estamos solos y nunca estamos olvidados. La confianza en sí mismo y la confianza en lo espiritual le ayudarán a atraer a su vida a personal y relaciones en las que prime la fe y la confianza. El poder de la victoria está siempre en su interior. Todo comienza por usted.

*Esta mudra le ayudará a desarrollar la confianza,
la fe y el equilibrio espiritual para que usted pueda afrontar
cualquier desafío y ver a Dios en todos los aspectos de su vida.*

Chakra: Corona, 7
Color: Violeta
Mantra: **HAR HAR HAR WAHE GURU**
(La Creación de dios, su Poder Supremo y Sabiduría)
Repita el mantra mentalmente con cada respiración.

Siéntese con la espalda recta y forme un círculo con sus brazos arqueándolos por encima de la cabeza con las palmas hacia abajo. Las mujeres deben colocar la palma de la mano derecha encima de la mano izquierda. Los hombres colocarán la palma de la mano izquierda encima de la derecha. Presione ligeramente las puntas de los pulgares entre sí, mantenga recta su espina dorsal y visualice un círculo protector de energía a su alrededor.
Respiración: *Breve y rápida de fuego, concentración en el ombligo. Mantenga la postura durante algunos minutos y luego relájese y permanezca sentado en silencio.*

Mudra para la Integridad Interior

Todos nos enfrentamos con situaciones difíciles que ponen a prueba nuestro carácter. Incluso cuando sentimos el impulso de reaccionar emocionalmente a un reto en particulat, debemos recordar que es aconsejable actuar en concordancia con la respuesta más inteligente y racional. Al mantener nuestra integridad somos capaces de evitar la afliccíon, el arrepentimiento y un sufrimiento innecesario tanto para nosotros mismos como para nuestros seres amados. Cuando usted deba afrontar un determinado desafío, tómese unos minutos para conectarse consigo mismo, practique este poderoso mudra y advierta el cambio que se produce en su mentey en su corazón.

Este mudra fortalecerá su capacidad para mantener su presencia mental y su integridad interior para que pueda elegir las opciones correctas y las respuestas adecuadas en una situación conflictiva.

Chakra: Garganta, 5, Tercer Ojo, 6
Color: Azul. índigo
Mantra: **SAT NAM**
(La Verdad es el Nombre de dios, Uno es Espíritu)
Repita el mantra mentalmente con cada respiración.

Siéntese con la espalda recta, sus brazos elevados y paralelos al suelo, los codos doblados de modo que los antebrazos estén perpendiculares al suelo. Las manos deben estar a la altura de las orejas con las palmas hacia delante. Doble sus dedos de forma que toquen las palmas de las manos. Extienda sus pulgares, que deben apuntar hacia sus sienes. Mantenga la postura al menos tres minutos y luego relájese.

Respiración: *breve, rápida de fuego, concentración en ombligo.*

Mudra para
Evocar la Fuerza Interior

Todos poseemos una gran reserva de poder interior y sabiduría. Dentro de esta comprensión innata se encuentran todas las respuestas y las soluciones a nuestros problemas. La práctica de este mudra le ayudará a tener acceso a ese pozo de fortaleza interior. El mudra lo conecta con la fuerza universal y eterna que reside en su interior.

Mientras mantiene la postura de las manos por delante de su pecho, está usted activando los centros de poder del tercero y cuatro chakras, que le otorgarán fortaleza interior y coraje.

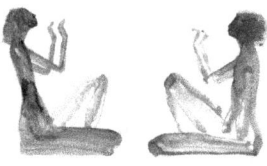

Chakra: Plexo solar, 3, corazón, 4
Color: Amarillo, verde

Siéntese con la espalda recta. Doble sus dedos índices y coloque los pulgares encima de ellos. Su mano derecha está ligeramente más baja que la izquierda, la yema del dedo medio toca las articulaciones de la mano izquierda. Coloque las manos frente a su pecho, manteniendo los hombros elevados a ambos lados de manera que sus antebrazos y manos formen una línea paralela al suelo.
Respiración: Inhale en cuatro tiempos por la nariz, forme una **O** con los labios y exhale con un silbido. Mantenga la postura durante tres minutos, luego relájese y sienta el poder que hay en su interior.

Mudra para la Sabiduría

Podemos conectar con nuestra sabiduría divina e innata aclarando nuestra mente, concentrándonos y practicando este antiguo mudra. Le ayudará a resolver cualquier conflicto que deba afrontar permitiéndole ver más allá de su problema individual, es decir teniendo en cuenta el contexto general de la situación y su significado superior. Esta perspectiva más amplia lo capacitará para ayudarse a sí mismo y a los demás. Es este un mudra muy poderoso, pero requiere una práctica constante y devota. Practíquelo durante tres semanas todos los días y será capaz de percibir con más facilidad las respuestas a sus preguntas y los objetivos que subyacen a sus desafíos vitales.

*Este mudra estimula los nervios de la mente
y despeja el acceso a la sabiduría
y el conocimiento superiores.*

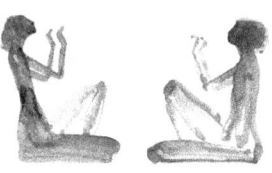

Chakra: Tercer Ojo, 6
Color: índigo

Siéntese con la espalda recta. Doble los pulgares hacia las palmas y los tres últimos dedos por encima de ellos, dejando los índices extendidos. Mantenga los hombros relajados y no los levante; eleve los codos a ambos lados del cuerpo. Acerque las manos al pecho y enganche los dedos índices entre sí, la palma de la mano derecha mira al suelo, la palma de la mano izquierda se coloca en dirección al pecho y los antebrazos deben estar paralelos al suelo.

Respiración: Prolongada, profunda y lenta. Mantenga la postura entre tres y once minutos, relájese y permanezca sentado en silencio.

Mudra para la Ternura

Hay momentos en los que simplemente nos encontramos en el lugar inadecuado en el momento inoportuno y nos sentimos antipáticos y poco amables con aquellas personas con quienes tenemos una relación muy estrecha. Es posible que reaccionemos impulsivamente, y aunque no tenemos la intención de herir a nadie, nuestras palabras y nuestro comportamiento puede ser muy dañino. Si no nos han enseñado la serenidad y la ternura cuando éramos ninõs y nunca las hemos experimentado, puede resultarnos difícil ser amables cuando somos adultos. La ternura es una de las cualidades superiores de nuestra alma, y al cultivarla seremos capaces de atraer a personas amables y cariñosas a nuestras vidas y alcanzar un mayor nivel de felicidad y realización.

Este mudra regula el campo electromagnético del cerebro y le otorgará calma y ternura.

Chakra: Garganta, 5, Corona, 7
Color: Azul, violeta
Mantra: **HARI ONG HARI ONG TAT SAT**
(Dios en acción, la Verdad última)
Repita el mantra mentalmente con cada respiración.

Siéntese con la espalda recta. Forme puños con las manos y coloque el lado exterior de cada puño (del lado del pulgar) junto a cada una de sus sienes. Presione los puños ligeramente contra las sienes y luego separe los dedos. Cierre los ojos. Luego forme una vez más los puños mientras mantiene el lado de los pulgares presionando contra las sienes.
Respiración: *prologada, profunda y lenta. Mantenga la postura durante unos minutos, relájese y permanezca sentado en silencio.*

Mudra para la Meditación

A algunos de nosotros quizá nos parezca difícil permanecer sentados sin movernos y en silencio durante más de unos pocos segundos. Todos tenemos problemas para sentarnos en diferentes momentos de nuestra vida. La meditación es una cuestión de disciplina y práctica. Prender a serenar la mente y meditar, aunque sea durante tres minutos, es esencial para su bienestar. Una breve meditación diaria cambiará su vida en un sentido positivo, y cuanto antes comience, antes experimentará los maravillosos resultados en todos los niveles y las áreas de su vida.

*Es esta una meditación para toda persona que no se sienta capaz de meditar.
Le proporcionará concentración y serenidad a la mente
más extravagante o dispersa. El mantra le ayudará
a concentrase en la fuerza única universal, "el latido de la vida",
que reside en el interior de todos nostros.*

Chakra: Todos los chakras
Color: Todos los colores
Mantra: **SAT NAM**
(La Verdad es el Nombre de dios, Uno en Espíritu)
Repita el mantra mentalmente con cada respiración.

Siéntese con la espalda recta. Junte los cuatro dedos de la mano derecha formando una línea recta y sienta el pulso de la muñeca izquierda. Presione ligeramente los dedos para poder sentir el pulso en la punta de todos los dedos. Las palmas están juntas. Cierre los ojos concéntrese en el Tercer Ojo.
Respiración: Prologada, profunda y lenta. Mantenga la postura tres minutos y practíquela todos los días durante una semana.

Mudra para Obtener una Guía

El conocimiento espiritual y la sabiduría le han sido dados todas las almas de este mundo. Las respuestas a sus preguntas se encuentran dentro de su corazón y están a su disposición en todo momento, veinticuatro horas al día, incluidos los fines de semana, son gratuitas, no existen listas de espera ni créditos y no es preciso hacer reservas. Tiene usted el asiento para VIP. Todo lo que debe hacer es serenarse, centrarse, relajarse y utilizar este mudra como la llave que abre la puerta. Pida y recibirá.

Usted recibe energía y bendiciones en las palmas de sus manos.
Al mirarlas enviará el poder sanador a su mente y esto le ayudará
a encontrar la guía que necesita.

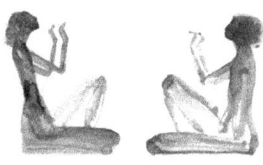

Chakra: Corona, 7
Color: Violeta

Siéntese con la espalda recta. Junte sus manos frente a su pecho, los meñiques firmemente apretados para formar una taza con las manos y con las palmas en dirección hacia el cielo. Deje una pequeña abertura entre los lados de los dedos meñiques. Fije su mirada en la punta de la nariz, en dirección hacia las palmas.
Respiración: *Prologada, lenta y profunda hacia las palmas de las manos.*

Mudra de Ayuda
para una Situacíon Grave

La aflicción y la tristeza pueden invadirnos repentinamente, y es importante que sepamos cómo mantener nuestro cuerpo, mente y espíritu unidos. El corazón es el centro de la emoción y el amor, y cuando una experiencia es particularmente desgarradora es posible que se sienta un dolor físico real en el pecho y en la región cardiaca. El poder sanador de sus manos se utiliza en este mudra como ayuda para revitalizar, fortalecer y equilibrar su corazó y todo su ser.

*Este simple y antiguo mudra le ayudará a resolver
una situación grave o conflictiva.*

Chakra: Corazón, 4
Color: Verde
Mantra: **HUM HUM, BRAHAM HUM, BRAHAM HUM**
(Invocando a su Ser Infinito)
Repita el mantra mentalmente con cada respiración.

Siéntese con la espalda recta. Coloque las palmas de sus manos sobre su pecho con los hacia dentro y los codos elevados a cada lado. Las manos están relajadas y los dedos extendidos. Es esta una posición cómoda en la que se ejerce muy poca presión y no existe ninguna tensión en los brazos ni en las manos. **Respiración:** *Prolongada, profunda y lenta. Repita unas pocas veces y observe la serenidad y la paz que lo rodean cada vez con mayor intensidad.*

Mudra para Tomar Consciencia

Cuando usted no esté seguro de cómo debe actuar en una determinada situación o cómo resolver un problema, cuando se sienta soo y confuso, recuerde que puede encontrar la respuesta dentro de usted mismo. Solo necesita respirar profundamente, serenarse y concentrarse. Con la ayuda de este mudra, usted tomará consciencia de lo que necesita. Si lo practica con regularidad, agudizará su intuición y podrá utilizar su conocimiento no solamente para sí mismo, sino también para ayudar a otras personas para que consigan el mismo potencial que reside en su interior. Todos poseemos los instrumentos que necesitamos en el interior de nuestra alma.

*Este mudra coordina las dos zonas del cerebro
y estimula los centros de la toma de consciencia.*

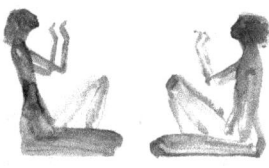

Chakra: Tercer Ojo, 6
Color: índigo

Siéntese con la espalda recta, los codos algo elevados a ambos lados. Eleve sus manos hasta que estén por encima del ombligo. El dorso de la mano izquierda descansa sobre la palma de la mano derecha y los pulgares están cruzados, el izquierdo por encima del derecho. Concéntrese en el centro del tercer Ojo.
Respiración: *prologada, profunda y lenta.*

Mudra para la Satisfacción

Todos experimentamos momentos penosos, pero a veces los arrastramos más tiempo de lo necesario. Vivir en el pasado afecta nuestro presente y futuro, de modo que es importante que usted consiga encontrar un lugar de serenidad y satisfacción desde el cual pueda observar su vida. Si practica unos pocos minutos este mudra, le ofrecerá resultados inmediatos y una práctica diaria transformará su vida.

Este mudra le hará sentirse cómodo y satisfecho. Los puntos de contacto ente las puntas de los dedos imprimirán una nueva dirección a su energia corporal para equilibrarla y reforzará su capacidad para conectarse con su Ser Superior.

Chakra: Plexo solar, 3
Color: Amarillo
Mantra: **SARE SA SA SARE SA SA SARE HARE HAR**
(Dios es Infinito en su Creatividad)
Repita el mantra mentalmente con cada respiración.

Siéntese con la espalda recta. Forme un círculo con el pulgar y el dedo medio de la mano derecha y el pulgar y el meñique de la mano izquierda. Relaje los otros dedos. Sostenga las manos a unos centímetros frente a la zona del ombligo. Los hombres deben practicar las mismas posiciones, pero con el pulgar y el dedo medio de la mano izquierda y el pulgar y el dedo meñique de la mano derecha.
Respiracíon: *Prolongada, profunda y lenta. Medite durante unos minutos, luego forme puños con ambas manos y reléjese.*

Mudra para la Prosperidad

La prosperidad corporal, emocional y material es su derecho por nacimiento. ¿Cómo se consigue? En primer lugar, debe tener un objetivo claro y una intención. Visualícese consiguiendo el éxito y viviendo su sueño. Luego, con ayuda de este mudra desembarácese de cualquier bloqueo energético mental y emocional que pertenezca a su pasado y se interponga en su camino. A continuación, debe usted pensar un plan de acción práctico y realista. Practique este mudra durante once minutos cada día y durante cuatro semanas y observe los efectos. Debería ver su camino con claridad y sus esfuerzos deberían ser recompensados.

Usted recibe el poder sanador en las palmas de sus manos con los movimientos de estas posturas. Cuando practique este mudra con el cántico " Har", usted debe manifestar prosperidad y así lo hará.

Chakra: Raíz, 1, órganos reproductores, 2, Plexo solar, 3
Color: Rojo, naranja y amarillo
Mantra: **HAR HAR**
(Dios, Dios)
Repita el mantra en voz alta con cada exhalación mientras concentra su energía el ombligo.

Siéntese con la espalda recta y junte los lados de los dedos índices, los pulgares se pliegan junto a las palmas y estas miran al suelo. Presione los lados de los índices uno contra el otro firmemente y mantenga la presión durante un segundo. A continuación gire las manos para que las palmas se dirijan al cielo durante un segundo tocándose por la parte lateral de los meñiques. Luego vuelva a girar las palmas hacia el suelo manteninendo siempre el contacto por la parte lateral. Cada vez que invierta la posicíon de las manos repita el mantra " Har". Mantenga la postura entre tres y once minutos.

Respiración: Breve y rápida cada vez que se cambia la posición de las manos. Respirar desde el ombligo y repetir el mantra.

Mudra para
la Consciencia Superior

La Consciencia Superior es el fin último de su viaje vital. Todos pretendemos ser capaces de mantener un estado equilibrado y sereno en medio de las tormentas diarias cuando los demás están luchando con la confusiión. Todas las respuestas se encuentran dentro de sí mismo y están a su disposición en todo momento, pero para descubrir el acceso a este poder interior es necesaria una práctica correcta y disciplina. Usted decide. Siempre que busque conscientemente, encontrará la respuesta que necesita. Usted ya la conocía desde el primer momento.

*Este mudra le ayudará a alcanzar la Consciencia Superior,
una intuición más profunda y una mayor fortaleza espiritual;
todas ellas le permitirán comprender el propósito que se esconde
detrás de los sucesos y desafíos diarios.*

Chakra: Plexo solar, 3, corona, 7
Color: Amarillo, violeta

Siéntese on la espalda recta. Junte las palmas de sus manos, eleve los codos a ambos lados del cuerpo y coloque sus manos a la altura de su corazón con las puntas de los dedos hacia delante. Cada pulgar se apoya en la zona carnosa por debajo del meñique del misma mano. Junte las palmas y coloque el pulgar derecho cómodamente sobre el pulgar izquierdo. La parte inferior de las manos se toca con firmeza. Sostenga las manos a unos pocos centímetros del cuerpo.
Respiración: *Prolongada, profunda y lenta. Mantenga la postura durante unos minutos según su criterio. Relájese y disfrute.*

Parte 2

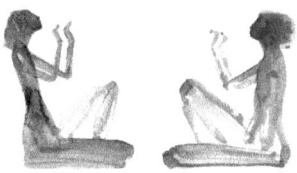

El Cuerpo

Su cuerpo es su templo...
Adórelo

En este capítulo se exponen quince mudras que le ayudarán a serenar, sanar y revitalizar su cuerpo físico. Por ser una creación sensible y asombrosa, su cuerpo necesita que lo atiendan y lo cuiden con cariño y que le proporcionen el alimento y el ejercicio adecuados. Aprecie, ame, respete y celebre su cuerpo. Con la práctica diaria de estos mudras, usted aprenderá a equilibrar su energía sexual, a prevenir el envejecimiento y el estrés, a controlar sus adicciones, a relajarse físicamente y a recargar su cuerpo.

Puede elegir uno de estos mudras o varios de ellos y practicarlos diariamente hasta que se sienta revitalizado, libre de estrés y equilibrado. Tenga paciencia y practique el amor a sí mismo. Visualícese con un cuerpo sano y vibrante.

Mudra para Detener el Envejecimiento

Todos deseamos tener un aspecto juvenil y saludable. El proceso de envejecimiento natural forma parte de la vida y, sin embargo, independientemente de cuál sea su edad, usted puede conservar y proteger su cuerpo. Aunque es esencial llevar una vida sana con una dieta apropiada y una práctica habitual de ejercicio, el ingrediente más importante de la receta antienvejecimiento es un estado mental armonioso. Con este mudra, usted podrá liberarse de todo tipo de impurezas, invertir el proceso de envejecimiento y aprender a difrutar de la sabiduría y experiencia que ha ganado con el paso del tiempo.

Esta técnica de respiracíon y este mudra limpiarán e iluminarán su aura y regenerarán sus células; su rostro tendrá un aspecto radiante y prevendrá el envejecimiento.

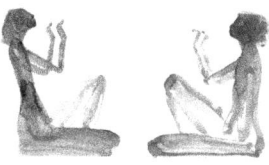

Chakra: base de la columna, 1, órganos reprooductores, 2
Color: Rojo, naranja
Mantra: **EK ONG KAR SA TA NA MA**
(Un Creador de lo Infinito, del Nacimiento, de la Muerte y del Renacimiento)
Repita el mantra mentalmente con cada respiración.

Siéntese con la espalda recta. Forme un círculo con los pulgares y los índices y coloque los dorsos de las manos sobre las rodillas y con las palmas hacia arriba. Estire el resto de sus dedos.
Respiración: *Breve y rápida de fuego, concentración en el ombligo. La respiración debe ser tan potente que usted debería "Bailar con el ombligo". Practique al menos tres minutos por día y luego relájese.*

Mudra para Fortalecer los Nervios

Usted *puede* aprender a permanecer sereno y centrado en su vida cotidiana incluso en tiempos conflictivos, de desafíos o de confusión. Sentirá de inmediato el poder de este mudra como si estuviera conectado a dos corrientes de energía , sin embargo sus efectos son relajantes y sus nervios resultarán fortalecidos.

*Este mudra fortalecerá sus nervios. Presionando el dedo medio
se potencia el control emocional y al presionar el dedo meñique
se activa la calma interior. Como los lados masculino y femenino
del cuerpo son diferentes para un hombre y para una mujer,
la postura se invierte para los hombres.*

Chakra: Plexo solar, 3, Corazón, 4
Color: Amarillo, verde

Siéntese con la espalda recta y eleve su mano izquierda hasta la altura de las orejas con la palma hacia fuera. Forme un círculo con el pulgar y el dedo medio y estire los demás dedos. La mano derecha se coloca frente al plexo solar, con el pulgar y el dedo meñique en contacto y la palma hacia el cielo. El resto de los dedos están estirados. La posición de las manos se invierte para los hombres: la mano derecha se mantiene a nivel de la oreja con el pulgar y el dedo medio formando un círculo, y la mano derecha situada enfrente del plexo solar con el pulgar y el dedo meñique en contacto.

Respiración: Inhale contandohasta cuatro y exhaleintensamente de una sola vez. Continúe respirando durante unos pocos minutos.

Mudra para Proteger su Salud

Además de alimentarse de una forma adecuada, observar las normas de higiene correctas y practicar ejercicio con regularidad, usted puede preservar y proteger su salud practicando este antiguo y poderoso mudra. La práctica diaria prolongada durante varios años le proporcionará innumerables beneficios.

Este mudra equilibra la distribución de los glóbulos rojos y blancos y defiende su salud en general.

Chakra: Todos los chakras
Color: Todos los colores

Siéntese con la espalda recta. Doble el codo derecho y levante la mano hacia arriba y hacia fuera si estuviera diciendo un juramento. Junte los dos primeros dedos completamente estirados y apuntando hacia arriba. Doble el resto de los dedos junto a la palma y coloque el pulgar sobre ellos. La mano derecha forma el mismo mudra y se coloca con la palma en dirección a su pecho, colocando los dos dedos que están estirados en contacto con el corazón. los dedos índice y medio deben estar lo más rectos que sea posible para crear un campo electromagnético a su alrededor.

Respiración: *Inhale en veinte segundos, retenga la respiración durante veinte segundos y exhale en veinte segundos. Comprima la región del ombligo tanto como le sea posible. Continúe durante unos minutos y luego relájese.*

Mudra para
Prevenir el Estrés

Todos experimentamos estrés en nuestra vida. Muchos de nosotros corremos de una a otra actividad, nos hacemos cargo de demasiadas cosas durante el día sin encontrar un momento para recuperarnos. Es muy importante que encontremos un tiempo durante nuestras tareas para relajar para nuestro cuerpo -mente. Si practica este mudra durante unos pocos minutos, especialmente cuando se sienta agotado, puede serle de gran utilidad. Percibirá los resultados de forma inmediata y quizá descubra que si lo practica a diario conseguirá recuperar su energía para mantenerse libre de estrés.

*Este mudra permite que el cerebro conserve su equilibrio
aún en situaciones que producen estrés
y fortalece los nervios.*

Chakra: Plexo solar, 3
Color: Amarillo

Siéntese con la espalda recta. Relaje los brazos y doble los codos para que sus antebrazos queden frente su cuerpo y paralelos al suelo. Junte las palmas de las manos, que miran hacia arriba, frente al plexo solar por encima del ombligo. Haga descansar la parte posterior de la mano izquierda sobre la palma de la otra mano. Mantenga los dedos estirados y juntos.

Respiración: Prolongada, profunda y lenta. Mantenga su mente despejada de pensamientos. Mantenga la postura durante tres minutos y a continuación relájese.

Mudra para
Tener los Pechos y el Corazón Sanos

Nuestro cuerpo tiene una gran capacidad para sanarse a sí mismo y prevenir enfermedades cuando utilizamos nuestra consciencia para activar, utilizar y fortalecer dicha capacidad. Los mudra son una gran ayuda para favorecer el fujo de las corrientes eléctricas en el interior del cuerpo y mantenerlo sano y pleno de energía sanadora. Además de cualquier práctica espiritual, todas las mujeres deben realizarse exploraciones periódicas de sus pechos y mantenerse en armonía con su cuerpo físico, pero este mudra colaborará para que el sistema femenino utilice la energía para depurar los ganglios linfáticos de la parte superior del pecho y conservar de este modo los pechos en buen estado de salud. El músculo cardiaco trabaja constantemente, de manera que debemos ayudarlo a recargarse, revitalizarse y descansar.

Este mudra le ayudará a depurar y recargar la región del pecho con una energía autosanadora. La práctica diaria mantendrá fuerte el corazón.

Chakra: Corazón, 3
Color: Verde

Siéntese con al espalda recta en una postura que le resulta cómoda. Relaje los brazos a los lados del cuerpo con ls palmas hacia delante. Luego doble alternativamente cara uno de los codos para que los antebrazos se acerquen hacia la región del corazon lo más rápidamente que le sea posible. Cuando la mano derecha está junto a su pecho, la izquierda se encuentra lejos del cuerpo, y cuando la mano izquierda se encuentre frente a su pecho, la mano derecha estará lejos e su cuerpo. No doble las muñecas ni las manos y no toque el pecho. Continúe a un ritmo rápido contando hasta cuatro mientras inhala y otra vez hasta cuatro mientras exhala, hasta que sienta calor; entonces relájese durante unos minutos.

Respiración: *Prolongada, profunda y lenta.*

Mudra para
Sentir su Cuerpo Energético

El cuerpo físico está rodeado por un cuerpo invisibile o aura. Con un poco de entrenamiento, usted puede aprender a percibir este halo vibrante que lo rodea. Cuando practique este mudra, respire y concéntrese y comenzará a sentir, ver y percibir cómo su energía fluye entre las palmas de sus manos. Una práctica regular aumentará su capacidad para percibir el aura.

*Al colocar las palmas de sus manos con su energía áurica
una frente a otra, usted magnifica el campo energético
y puede percibirlo con mayor facilidad.*

Chakra: Tercer Ojo, 6
Color: índigo

Siéntese con la espalda recta. Junte las palmas de sus manos frente a su cuerpo de modo que queden a una cierta distancia y con las palmas enfrentadas. Los dedos están ligeramente separados y encorvados. Las puntas de los dedos apuntan hacia delante. Respire profunda y lentamente. Mantenga su concentración en el espacio que existe entre las palmas de las manos. Mientras respira, sienta el flujo de la energía que se desplaza de una a otra mano. Tras algunos minutos commenzará a percibir el flujo de la energía.
Respiración: Prolongada, profunda y lenta.

Mudra para Prevenir el Agotamiento

Cuando usted no le proporciona a su cuerpo el descanso que necesita y merece, pone en peligro la salud de su mente - cuerpo y mina su energía vital. Cuando se encuentre tan casado que le parezca imposible recuperarse, ese será el momento oportuno para reunir las últimas chispas de su energía y practicar este mudra. Aunque al principio le resulte difícil mantener el mudra, cuando pasen tres minutos se sentirá rejuvenecido y se sorprenderá del poder que reside en su interior.

La presión de sus dedos estimula las corrientes eléctricas y las recarga con energía vital.

Chakra: Base de la columna vertebral, 1
órganos de la reproducción, 2
Plexo solar, 3
Color: Rojo, anaranjado, amarillo

Siéntese con la espalda recta, doble los codos y eleve sus antebrazos hacia arriba y hacia dentro, paralelos al suelo; las manos se unen a nivel del corazón con las palmas hacia abajo. Doble los pulgares hacia las palmas hasta que la punta descanse junto a la base del dedo anular. Mantenga los dedos estirados y unidos. Coloque los dorsos de las manos enfrentados y acerque las puntas de los dedos. Presione firmemente las puntas de los dedos y las uñas de cada mano, sin que entren en contacto al parte superios de ambas manos. Inhale en profundidad y exhale completamente.

Respiración: *Prolongada, profunda y lenta. Mantenga la postura durante unos minutos y luego relájese. Descanse unos instantes.*

Mudra para
la Sanación Después de un Desastre Natural

Los terremotos, tornados, inundaciones y demás desastres naturales desgraciadamente son my comunas. Después de semejante situación traumática, las personas se sienten desorientadas, confusas, vulnerables y temerosas. este mudra puede tener un efecto positivo intenso e inmediato y le ayudará a superar la crisis posterior al desastre natural y a volver a alinear su propia energía con la energía de la tierra.

Este mudra regulará la relación magnética de los dos hemisferos cerebrales; gracias a ello, usted será capaz de recuperar su equilibrio emocional.

Chakra: Base de la columna vertebral, 1
Plexo solar, 3
tercer Ojo, 6
Color: Rojo, Amarillo, indigo
Mantra: **HARI ONG TAT SAT**
(Dios en accíon, la verdad última)
Repita el mantra mentalmente con cada respiración.

Siéntese con la espalda recta. Forma un cuenco con la mano izquierda y apóyela sobre su oreja izquierda manteniendo el brazo izquierdo paralelo al suelo. Forme un puño con su mano derecha y extienda el brazo del mismo lado hacia el costado, luego doble el codo de modo que su puño se encuentre junto a la oreja derecha con la palma ligeramente alejada de usted.

Respiración: Prolongada, profunda y lenta. Mantenga la postura durante unos minutos y relájese.

Mudra para
Superar Adicciones

Los hábitos adictivos son un problema muy común. Todas las adicciones están relacionadas con nuestro deseo de evitar el hecho de que somos responsables de nuestras vidas. Nuestras adicciones nos hacen sentir menos solos pero también nos impiden afrontar la realidad de cierto problemas o situaciones. Intentamos alterar nuestros estados de ánimo conflictivos y los sentimientos que nos perturban recurriendo a sustancias adictivas o distrayendo nuestra atención de nosotros mismos con relaciones que generan adicción. Para superar una adicción, es preciso supera en primer lugar el miedo que se oculta tras ella. Es necesario tomar consciencia a un nivel muy profundo que nada es tan malo como lo que uno teme. Distraerse con drogas, cafeína, alcohol, tabaco, comida o relaciones conflictivas no hace más que empeorar el problema. Y además demora la realización del propósito que cada uno tiene en esta vida.
Usted es capaz de superar cualquier adicción: soo debe mentalizarse para ello. La práctica regular se este mudra durante tres minutos, tres veces al día, le ayudará a abandonar cualquier adicción en un plazo máximo de treinta días. Libérese de las cadenas de la adicción y comience a practicar el amor por sí mismo desde ahora.

Este mudra opera sobre las adicciones físicas y también sobre las adicciones emocionales y la dependencia mutua. La presión de los pulgares en las sienes pone en movimiento una corriente refleja rítmica en el cerebro central que equilibra las energías que causan la adicción.

Chakra: Base de la clumna verterbal 1, órganos de la reproducción, 2
Plexo sloar, 3, Corazón, 4, garganta, 5
Color: Rojo, anaranjado, amarillo, verde, azul

Siéntese con la espalda recta. No deje caer los hombros y evite que se doble la parte inferior de la espalda. Forme puños con las manos y luego extienda los pulgares. Presione los pulgares sobre las sienes en el punto donde encuentre una ligera depresión. Apriete los dientes, bloquee los molares posteriores y mantenga la boca cerrada. Haga vibrar los músculos de la mandíbula alternando la presión sobre los molares. Un músculo se moverá rítmicamente bajo los pulgares. Sienta cómo masajea los pulgares mientras usted continúa presionando firmemente la zona con ellos. Concéntrese en el centro del Tercer Ojo y mantenga la postura de tresa once minuto. A continuación relaje sus brazos y colóquelos a los lados del cuerpo con los pulgares y los índices formando un círculo. Mantenga la postura y luego relájese.
Respiración: Breve, y rápida de fuego, concentración en el ombligo.

Mudra para
Curar un Corazón Herido

Cuando una atraviesa un momento de gran aflicción y siente que su corazón está destrozado, parece imposible que seamos capaces de superar esta experiencia. Inicialmente puede parecer que la tristeza no tendrá fin, pero con el tiempo usted llegará a comprender el motivo por el cual ha tenido que pasar por esa situación tan dolorosa. Cualesquiera sean las razones, mientras atravesamos momentos penosos podemos curar nuestro corazón más rápidamente gracias a este maravilloso mudra.

*Este mudra es muy relajante y positivo para los nervios
y tiene la capacidad de calmar y curar
un corazón herido.*

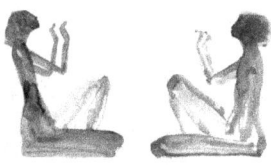

Chakra: Corazón, 4
Garganta, 5
Tercer Ojo, 6
Color: verde, azul, índigo
Mantra: **HUMME HUM HUM BRAHAM**
(Invocando a Su Ser Infinito)
Repita el mantra mentalmente con cada respiración.

Siéntese con la espalda recta. Mantenga las palmas de las manos juntas con las puntas de los dedos medios a la altura del centro del Tercer Ojo. Los brazos están en posición horizontal, con los codos abiertos hacia los lados. Mantenga la postura al menos durante tres minutos.

Respiración: Prolongada, profunda y lenta a través de las palmas de las manos como si estuviera bebiendo agua.

Mudra para Elminar el Cansacio

Cuando comience a sentir que e cansancio y el agotamiento están mermando sus energías, usted puede sentirse mejor utilizando este simple mudra. Dedíquese unos momentos a sí mismo, cálmese y respire.

Esta meditación producirá la sanación, potenciará su energía y ampliará su intuición.

Chakra: Plexo solar, 3
Corazón, 4
Color: Amarillo, verde

Siéntese con la espalda recta. Con los codos abiertos hacia los lados, mantenga sus manos formando un puño a la altura del plexo solar, exceptuando los dedos índices que están estirados. Mantenga la palma de la mano derecha hacia abajo y la de la mano izquierda hacia arriba. Coloque el dedo índice de la mano derecha por encima del dedo índice dela mano izquierda; Los dedos se cruzan exactamente en la mitad de la segunda falange de manera que se produce un contacto especial entre meridianos.

Respiración: Inhale profunda y lentamente por la nariz y exhale pausadamente pero con fuerza através de los labios fruncidos dirigiendo la respiración hacia las puntas de los dedos índices. Medite en la sensación que produce su respiración sobre los dedos y mantenga la postura durante unos minutos.

Mudra para Hacer Dieta

La verdadera belleza proviene del interior. Cada uno de nosotros posee una belleza particular y única que resulta afectada por los alimentos que tomamos. Cuando nos alimentamos de una forma sana, tenemos un aspecto saludable y vital. Si usted siente apetencia por la comida basura, este mudra le ayudará a mentener su dieta y a moderar su apetito. Además le hará sentir energético.

Este mudra construirá su campo electromagnético y le permitirá sacar provecho de la energía del universo de modo que pueda mantener correctamente su cuerpo con una menor cantidad de alimentos.

Chakra: Plexo solar, 3, Corazón, 4
Color: Amarillo, verde

Siéntese con la espalda recta y extienda sus brazos hacia delante, paralelos al suelo, con las palmas de las manos hacia arriba y ligeramente curvadas. Mueva muy pausadamente los brazos hacia los lados, tan lejos como le sea posible, manteniéndolos paralelos al suelo y con las palmas hacia arriba. Luego desplace lentamente los brazos hasta la posición original con los brazos extendidos hacia delante de modo que la parte lateral de una mano esté casi en contacto con la de la otra. Repita el movimiento. Sienta la energía que baja desde el chakra Corona hacia sus palmas. Mientras las palmas se juntan, perciba y oponga resistencia a la atracción que se manifesta entre ellas. Esta maniobra potencia la energía que hay en su interior. Mantenga la postura al menos durante trece minutos. Cuando termine, relaje las manos frente a su pecho, con los doblados y las palmas una frente a otra. Mantenga las palmas a una distancia de unos ocho centímetros y visualice un Balón de energía entre ellas. Continúe con la postura durante unos minutos y luego relájese.
Respiración: *Prolongada, profunda y lenta.*

Mudra para Revitalizarse

Todos necesitamos saber cómo revitalizarnos y cómo rejuvenecer nuestra mente y nuestro cuerpo para mantenernos activos a fin de atender nuestras actividades personales y profesionales. Es posible practicar este mudra en cualquier lugar y en cualquier momento. Después de algunos minutos, usted sentirá la diferencia.

Este mudra potencia la energía de todo su sitema y le otorga una mayor capacidad para afrontar los retos de la vida y sus tareas. En este mudra las manos activan y recargan el canal energético principal de su columna vertebral llenándolo de una nueva fuerza vibrante.

Chakra: Base de la columna vertebral, 1,
órganos de la reproducción, 2
Corona, 7

Color: Rojo, anaranjado, violeta

Siéntese con la espalda recta y extienda sus brazos por delante de su cuerpo, paralelos al suelo. Forme un puño con su mano derecha y envuélvalo con los dedos de la mano izquierda, de modo qua la base de las palmas estén en contacto, los pulgares juntos se extienden hacia arriba. Concentre su mirada en los pulgares.

Respiración: Prolongada, profunda y lenta muy controlada. Mantenga la postura unos minutos y luego relájese.

Mudra para Equilibrar la Energía Sexual

Somos constantemente bombardeados con estimulantes sexuales, distracciones y anuncios publicitarios. Estas imágenes y actitudes lo único que hacen es mermar nuestra energía sexual esencial y dificultar nuestras relaciones sexuales. Sin embargo, el sexo puede ser una maravillosa experiencia espiritual entre dos almas, que debe ser respetada y reverenciada. Durante el intercambio sexual, se combinan intensamente dos fuerzas creativas, y esta interacción os afectará durante un periodo de tiempo prolongado, de modo que es fundamental que nuestra energía sexual se mantenga nutrida y equilibrada. Es posible sanar experiencias negativas del pasado y también alcanzar la potencia sexual final y el placer cuando conducimos de un modo consciente esta energía.

Este mudra equilibrará y canalizará su energía sexual. Depurará y revitalizará las glándulas que afectan su sexualidad y su sistema reproductor. El pulgar derecho se coloca encima del izquierdo para fortalecer la sexualidad y desarrollar la confianza en ella. El pulgar izquierdo se cruza por encima del pulgar derecho para alcanzar la sensibilidad y la ternura.

Chakra: órganos de la reproducción, 2
Color: Anaranjado

Siéntese con la espalda recta, los codos ligeramente hacia los lados. Entrelace los manos. El dedo meñique de la mano izquierda debe descansar por la parte externa de la mano. Si colocamos el pulgar derecho encima del izquierdo, fortalecemos nuestro lado masculino, y si es el pulgar izquierdo el que se posa sobre el derecho, recargamos la energía femenina de nuestra naturaleza. Presione las manos en esta postura. Mantenga la postura durante tres minutos y relájese. Respiración: Inhale y exhale intensamente por la nariz.

Mudra para la Longevidad

Con una dieta adecuada la práctica regular de ejercicios y esta antigua técnica de mudra, usted puede prolongar su vida. El ritmo de su cuerpo es un factor determinante para su longevidad, y este mudra se adapta a la energía de ese reloj para estar en armonía con él. Con una práctica de tres minutos, tres veces al día, usted mejorará y prolongará su vida.

*Este mudra actúa sobre el nervio de la vida que recorre
la espina dorsal y ayuda a crear un nuevo ritmo corporal
con el fin de aumentar su longevidad.*

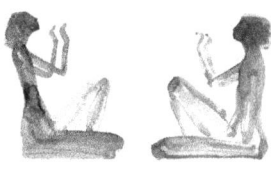

Chakra: Base de la columna vertebral, 1
Corona, 7
Color: Rojo, violeta

Siéntese con al espalda recta y estire sus brazos frente a su cuerpo, paralelos al suelo y con los codos estirados. Las palmas de las manos miran hacia el cielo. Forme cuencos con las manos como si fuera a recibir el agua que alguien vierte en ellas. Mantenga la postura al menos tres minutos y luego relájese.
Respiración: Breve y rápida de fuego, concentración en el ombligo.

Parte 3

La Mente

Su mente no tiene límites...
Amplíela

Estos veintiún mudras para la mente son útiles para una gran variedad de problemas que usted ha creado para sí mismo - es su mente. Un estado confuso de la mente es como un caballo salvaje desbocado. Con disciplina usted puede conquistar la energía de su pensamiento salvaje y dominar su mente. Cuando usted le enseña a su mente quién está a cargo de la situación, todo es posible. Elimine los fantasmas del miedo y la inseguridad que usted mismo ha creado y experimente el inmenso poder mental que usted posee con esta práctica del yoga.
Le ha sido otorgado un don divino: el libre albedrío. Usted decide qué es lo que quiere hacer con él. Nosotros creamos nuestro destino y con una mente aguda usted puede definir, corregir y modificar su destino por otro mejor.

Usted puede practicar un mudra por día o elegir más de uno hasta que desaparezcan sus miedos y los obstáculos que crea su mente. Cuando su mente se aclare, usted descubrirá la forma de utilizarlos en provecho propio y para ayudar a los demás. Cuando usted actúe por el bien del mundo, jamás estará solo.

Mudra para Pasar una Buena Mañana

El modo en que nos sentimos por la mañana afecta a todo el día. Despertarse descansado y sintiéndose positivo, lleno de energía y de inspiración, nos ayuda a vivir más felices, más sanos, más satisfechos y nos permite disfrutar de una vida diferente y más audaz.

Este mudra debe practicarse a la hora de irse a dormir para que benere una actitud mental positiva por la mañana. MIentras lo practica, visualice una bola blanca de luz por encima de su cabeza. Comenzará el nuevo día protegido y rodeado de luz blanca.

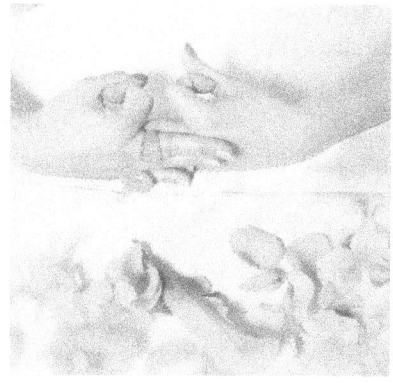

Chakra: Todos los chakras
Color: Todos los colores
Mantra: **HAR HARE WAHE, HAR HARE WAHE**
(Dios es el Creador del Poder Supremo y la Sabiduría)
Repita el mantra mentalmente, cuente hasta seis en cada inhalación y exhale larga y pausadamente.

Siéntese con la espalda recta, los codos extendidos hacia los lados, las manos separadas unos pocos centímetros por delante del cuerpo, justo por encima del ombligo. Las palmas de las manos miran hacia arriba. Doble los pulgares por encima de los dedos índice y extienda los dedos medio, anular y meñique, hasta que se toquen mutuamente por la parte posterior. Mantenga las palmas dirigidas hacia arriba con la mano izquierda por encima de la de derecha.
Respiración: Inhale seis veces muy brevemente mientras repite mentalmente el mantra y luego exhale intensamente de una vez. Mantenga la postura y aumente el tiempo hasta llegar a los once minutos.

Mudra para Afrontar el Miedo

El miedo nos impide alcanzar nuestros objetivos y materializar nuestros sueños. Algunas veces la energía que usted crea con sus propios temores termina por atraer realmente las situaciones temidas a su vida. Cuando permitimos que el miedo se apodere de nuestra mente podemos ver que " nuestros peores temores se convierten en realidad". Si eso ocurre, considérelo una oportunidad para afrontar el miedo y dominarlo.

La mano derecha simboliza la Divina protección; la mano izquierda simboliza que usted está recibiendo esta dádiva. Este mudra le ayudará a disminuir sus miedos. Se utiliza en muchas culturas y es muy poderoso.

Chakra: Plexo solar, 3
Corona, 7
Color: Amarillo, violeta
Mantra: **NIRBHAO NIRVAIR AKAAL MORT**
(Sin temor, sin Enemigos, Dios Personificado e Inmortal)
Repita el mantra mentalmente con cada respiración.

Siéntese con la espalda recta, doble su brazo izquierdo a la altura del codo y mantenga su mano frente al ombligo con la palma hacia arriba. Eleve su brazo derecho y mantenga la mano frente a su hombro derecho con la palma hacia delante; los dedos y el pulgar deben estar estirados. Concéntrese en el Tercer Ojo.

Respiración: Prolongada, profunda y lenta. Visualícese protegido, inhale esa sensación positiva y exhale deshaciéndose del miedo y todo lo negativo.

Mudra para Liberarse de Culpa

Todos experimentamos sentimientos de culpa. Quizá nos hemos comportado de una manera egoísta o agresiva en el pasado. Acaso sintamos que realmente no merecemos ser felices, afortunados ni amados. Las experiencias negativas pasadas pueden estar bloqueando nuestro movimiento, y por ello no existe el optimismo ni el goce en nuestras vidas. Pero perdonarse a sí mismo es un paso necesario para tener una vida sana, llena de satisfacciones y feliz.

Este mudra estimula una energía rejuvenecedora que le ayudará a aclarar su mente y conducirla hacia pensamientos positivos y nuevas posibilidades.

Chakra: Plexo solar, 3
Color: Amarillo
Mantra: **YO SOY Tú, WAHE GURU**
(Yo soy tú, e maestro Divino Interior)
Repita el mantra mentalmente con cada respiración.

Siéntese con la espalda recta. Los codos hacia los lados y las palmas de la mano frente al cuerpo entre el estómago y el corazón. Las palmas miran hacia arriba, en dirección al cielo, y la mano derecha descansa sobre la izquierda. Los brazos están ligeramente apartado del cuerpo. respire lenta y profundamente. Piense en la situación que representa un motivo de preocupación para usted y libere sus sentimientos con cada exhalación. Ahora reemplácela por una afirmación positiva - " Me perdono" - y pida al Poder Superior que suprima cualquier acción errónea que usted haya cometido.

Respiración: Prolongada, profunda y lenta. Mantenga la postura unos minutos y luego relájese.

Mudra para Fortalecer el Carácter

Todos deseamos tener amigos, parejas y socios que sean personas fuertes, devotas y leales. Para atraer a nuestra vida a personas con estas características, debemos primero desarrollar dichas cualidades nosotros mismos. Aprobar las pruebas morales de la vida - la tentación, la motivación egoísta y el carácter débil - con las que nos enfrentamos día tras día, fortalece el carácter. Sin embargo, si no pasamos s satisfactoriamente dichas pruebas, seguirán presentándose en nuestra vida una y otra vez. La práctica de esta postura la ayudará a afrontar estos desafíos, desarrollar un carácter fuerte y atraer a su vida a personas que tengan características siilares a las suyas.

Este mudra modificará el metabolismo de la mente y producirá felicidad de espíritu y poder personal.

Chakra: Plexo solar, 3
Tercer Ojo, 7
Color: Amarillo, índigo
Mantra: **HUMEE HUM BRAHAM**
(Invocando al ser Infinito)
Repita el mantra mentalmente con cada respiración.

Siéntese con la espalda recta y coloque los brazos a los costados del cuerpo con las manos relajadas formando puños. Los pulgares se colocan por fuera de los dedos y los dedos índices están estirados. Eleve las manos y coloque la mano izquierda a la altura de su cara y la derecha ligeramente por encima de su cabeza. Las manos están una frente a otra. Mantenga los ojos abiertos y mire hacia delante.
Respiración: Prolongada, profunda y lenta. Mantenga la postura durante unos minutos y a continuación relájese.

Mudra para la Concentración

El poder de concentración amplía su capacidad para alcanzar sus objetivos y atraer experiencias positivas a su vida. Gobernar y dirigir su pensamiento es el objetivo final de la concentración y resulta imprescindible para su evolución espiritual. Usted puede aprender a concentrarse con la práctica.

Este mudra le ayudará a serenarse y al mismo tiempo le otorgará la capacidad de concentrarse. Era utilizado por los santos y los sabios cuando alcanzaban el samadhi o el estado final de la meditación estática.

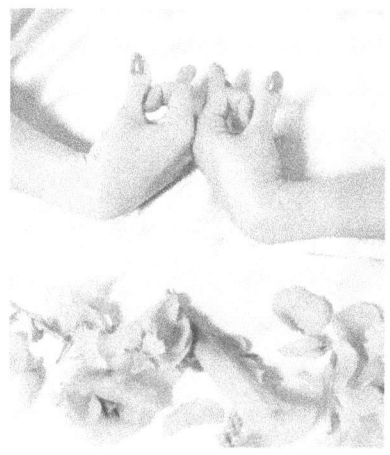

Chakra: Plexo solar, 3
Corazón, 4
Tercer Ojo, 6
Color: Amarillo, verde, índigo
Mantra: **AKAL AKAL AKAL HARI AKAL**
(El Creador Inmortal)
Repita el mantra mentalmente con cada respiración.

Siéntese con la espalda recta en una posición cómoda. Doble los pulgares y los índices hasta formar un círculo y mantenga el resto de los dedos estirados y apuntando hacia arriba. Coloque sus manos frente a su cuerpo justo por encima del ombligo de modo que los dedos que están estirados se toquen por la parte posterior mientras apuntan al cielo. Cierre los ojos y concéntrese en el Tercer Ojo.
Respiración: Prolongada, profunda y lenta. Calme su mente y concéntrese en una afirmación positiva tal como:" Soy la luz eterna del mundo..."

Mudra para Superar la Ansiedad

La ansiedad es una reacción frecuente frente a las exigencias y el estrés imperantes en nuestra vida. Usted puede controlar su ansiedad con la práctica diaria de este mudra. También puede resolver un ataque súbito de ansiedad practicando de inmediato este mudra durante algunos minuto. Percibirá la diferencia de forma instantánea y se sentirá más sereno y centrado.

Este mudra tiene un efecto relajante sobre los nervios al producir un vórtice de energía en cada mano que actúa como un respiradero para su energía ansiosa.

Chakra: Plexo solar, 3, Corazón, 4
Color: Amarillo, verde
Mantra: **HARKANAM SAT NAM**
(El nombre de Dios es Verdad)
Repita el mantra mentalmente con cada respiración.

Siéntese con la espalda recta. Doble sus codos y levante sus brazos de modo que queden paralelos al suelo y extendidos hacia fuera. Sus manos deben estar a la altura de las orejas, con los dedos separados y apuntando hacia el cielo. Gire las manos hacia delante y hacia atrás, movilizando las muñecas. Mantenga la postura durante algunos minutos y luego relájese.
Respiración: Prolongada, profunda y lenta.

Mudra para Trascender la Ira y Prevenir las Jaquecas

Todos tenemos derecho a enfadarnos de vez en cuando, sin embargo las emociones negativas no son productivas ni saludables. Practique este mudra para ser capaz de trascender su enfado y descubrir la forma de expresar su cólera de una manera adecuada. Su efecto le ayudará a canalizar su agresividad para conseguir un resultado correcto o una decisión positiva.
Este mudra también es efectivo para prevenir y curar jaquecas si tiene usted tendencia a sufrirlas frecuentemente.

Este mudra actúa creando un equilibrio emocional. Los puntos de presión estimulados con los pulgares liberan la cólera y tienen un efecto relajante inmediato.

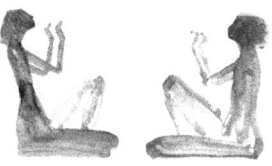

Chakra: Todos los chakras
Color: Todos los colores
Mantra: **DIOS Y YO, YO Y DIOS SOMOS UNO**
Repita el mantra mentalmente con cada respiración.

Siéntese con la espalda recta e una postura cómoda. Levante su mano hasta la altura de su frente. Cierre las manos en forma de puño con la palmas hacia fuera y mantenga los pulgares estirados apuntando uno hacia el otro. Presione el punto de sus cejas que se encuentra entre los ojos y la nariz y fije su mirada en la punta de la nariz.
Respiación:Prolongada, profunda y lenta. Mantenga la postura durante tres minutos y a continuación relájese.

Mudra para Agudizar su Mente

Este mudra le ayudará a toma decisiones especialmente cuando se encuentre en un momento de cambio. La práctica regular de este mudra tres veces al día y durante tre minutos le ofrecerá resultados al cabo de una semana.

Este mudra neutraliza la parte central del cerebro y agudiza su mente. El movimiento de los dedos estimula y masajea el meridiano que tiene influencia sobre la paciencia, el control emocional, el plexo solar, los nervios y la vitalidad.

Chakra: Garganta, 5
Tercer Ojo, 6
Color: Azul, índigo
Mantra: **HARA HARE HARI**
(El Creador en Acción)
Repita el mantra mentalmente con cada respiración.

Siéntese con la espalda recta y levante la mano izquierda como si fuera a aplaudir. Luego con el índice y el dedo medio de la mano derecha, recorra lentamente la parte central de la mano izquierda hasta las puntas de los dedos medio y anular ejerciendo una fuerte presión. Los dedos de la mano izquierda deben ceder ante la presión. Recorra una y otra vez hacia arriba y hacia abajo la mano izquierda mientras se concentra en el movimiento de sus dedos.
Respiración: *Prolongada, profunda y lenta.*

Mudra para la Paciencia

La paciencia es una virtud que todos podemos desarrollar. Es un componente muy importante para gozar de una vida más sana y feliz. Recuerde: ante cualquier cosa que haga, después de haber dado lo mejor de usted mismo, relájese y practique la paciencia. Dígase que todo está sucediendo en el momento oportuno, aunque esto parezca no tener sentido pues le ayudará a que sea verdad.

Este mudra le ayudáraa transformar su frustración y le permitirá ser más paciente y tolerante. Las manos activan las corrientes eléctricas que canalizan la energía sanadora hacia sus nervios, calmándolo y ayudándole a desarrollar la paciencia.

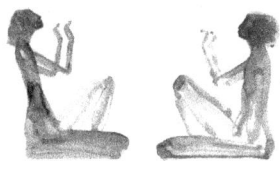

Chakra: Tercer Ojo, 6
Corona, 7
Color: índigo, violeta
Mantra: **EK ONG KAR SAT GURU PRASAAD**
(Un Creador, Iluminado por la Gracia de Dios)
Repita el mantra mentalmente con cada respiración.

Siéntese con al espalda recta. Forme círculos con las puntas de sus dedos pulgares y medios mientras mantiene el resto de los dedos estirados. Los brazos están paralelos al suelo y los codos hacia los costados. Sus manos se encuentran a la altura de las orejas, los dedos apuntan al cielo y las palmas se dirigen hacia adelante.

Respiración: Prolongada, profunda y lenta. Mantenga la postura durante unos minutos y observe cómo se calma y deviene más paciente con cada respiracíon.

Mudra para la Seguridad Interior

Cada día nos trae una nueva prueba para medir la confianza que tenemos en nosotros mismos. Siempre que se encuentre perdido en este inmenso mundo y agobiado por las dudas, este mudra le devolverá la confianza en sí mismo y reforzará su seguridad interior. No debe olvidar que usted jamás está solo.

Este mudra actúa de u modo positivo y fortalece la región del cerebro que tiene influencia sobre el sentido de la seguridad.

Chakra: Plexo solar, 3
corazón, 4
Color: Amarillo, verde
Mantra: **AD SHAKTI AD SHAKTI**
(Me Inclino ante el Poder del Creador)
Repita el mantra mentalmente con cada respiración.

Siéntese con la espalda recta y coloque sus manos en una postura de oración invertida en la que ambas se tocan por los dorsos. Mantenga las manos frente a su corazón. Imagine la energía desplazándose desde la base de su columna vertebral en sentido ascendente hasta la parte superior de la cabeza. Mantenga esta postura durante un minuto y medio, luego invierta las manos para formar la postura de la oración con las palmas unidas y los pulgares junto al pecho. Mantenga la postura un minuto y medio y repítala hasta que se sienta sereno.
Respiración: *Prolongada, profunda y lenta.*

Mudra para
Calmar la Mente

Una mente serena le ofrece la capacidad de cetrarse y governar sus pensamientos otorgándole de este modo una gran capacidad para conseguir el éxito. Cuanto más serena esté su mente, más notará usted la inquietud de las demás personas y más rápidamente alcanzará sus objetivos.

*Este mudra estimula el cerebro calmando la actividad mental
y le ayudará a controlar su concentración.*

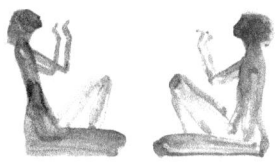

Chakra: Plexo solar, 3
Corazón, 4
Tercer Ojo, 6
Color: Amarillo, verde, índigo
Mantra: **AKAL HARE HARI AKAL**
(Dios es Inmortal en Su Creación)
Repita el mantra mentalmente con cada respiración.

Siéntese con la espalda recta y doble los codos de modo que brazos y antebrazos formen un ángulo de noventa grados frente a su pecho. Los brazos están paralelos al suelo. Coloque la palma de la mano derecha encima del brazo izquierdo y la parte superior de la mano izquierda debajo del brazo derecho. Los dedos están juntos y estirados. Mantenga este mudra y concéntrese en él durante unos minutos.

Respiración: prolongada, profunda y lenta.

Mudra para Llevarse Bien con los Hijos

Los niños exigen nuestra atención constante, nuestra paciencia, nuestra guía y nuestra sabiduría. No es poco común que los padres se sientan agobiados por el sentido de la responsabilidad y porque necesitan algo de tiempo para sí mismos. Si usted solo dispone de pocos momentos, es importante que utilice ese tiempo de una manera eficaz para recargarse. Este mudra se puede practicar rápidamente, pues solo requiere unos pocos minutos. Obrará maravillas su capacidad para atender y cuidar a sus hijos.

Este mudra le ayudará a prepararse para afrontar su papel de padre, madre a todos los niveles.

Chakra: Todos los chakras
Color: Todos los colores
Mantra: **AAD SUCH**
JUGAAD SUCH
HAI BHEE SUCH
NANAL HOSEE BHEE SUCH
(La Verdad en el Principio, la Verdad en todas las edades, la Verdad en el presente, Siempre será Verdad)
Repita el mantra mentalmente con cada respiración.

Siéntese con la espalda recta. Forme círculos con las puntas de los pulgares y los índices. El resto de los dedos están ligeramente relajados pero extendidos hacia fuera, mientras las manos descansan sobre las rodillas. Concéntrese en el chakra Corona.

Respiración: Prolongada, profunda y lenta.
Mantenga la postura durante tres minutos y luego relájese.

Mudra para Alejar las Dificultades

Los retor son una parte inevitable de la vida. En vez de pensar negativamente en ellos como si supusieran una lucha, intente considerarlos como oportunidades perfectamente planificadas para favorecer su crecimiento espiritual. Si usted siente que ha experimentado algunos casos de "mala suerte" y que ha estado inmenso en un modelo de conducta teñido por el pesimismo y las dificultades, acaso sea usted mismo el creador de este tipo de energía y es posible que siga atrayendo dichas situaciones a una escala aún mayor. Con este mudra será capaz de mentener su mente y sus patrones cerebrales en una frecuencia positiva que la permitirá atraer energía y personas positivas a su vida. Las dificultades y el sufrimiento se pueden sustituir por el poder y la fuerza, pero esto forma parte de su propia decisión. La práctica regular de este mudra modificará su vida.

Este mudra actúa sobre el vanal centra; de la energía de su cuerpo y crea una vibracíon que aleja las dificultades y abre el camino para la energía positiva.

Chakra: Tercer Ojo, 6, Corona 7
Color: índigo, violeta
Mantra: **HAR HARE GOBINDAY
HAR HARE MUKUNDAY**
(El es quien me Sostiene, es mi Liberador)
Repita el mantra mentalmente con cada respiración.

Siéntese con la espalda recta y forme puños con ambas manos, con los dedos pulgares por fuera. Comience a desplazar las manos hacia atrás formando grandes círculos, como si fuera en péndulo. Primero desplace las manos hacia delante y arriba y luego vuelva hacia atrás y abajo.

Respiración: Prolongada, profunda y lenta. Continúe con la postura durante algunos minutos y luego relájese y permanezca sentado y quieto.

Mudra para la Eficiencia

¿Cuántas veces ha estado usted una situación difícil y no se ha sentido lo suficientemente centrado como para afrontarla? Si practica este mudra unos pocos antes de sistir a una reunión, presentarse a un examen o arrostrar una confrontación le permitirá abordad la situación de la mejor manera posible.

*Este mudra afecta a todas las corrientes eléctrica de su cuerpo,
equilibra los sistemas nervioso y glandular y le otorga
la capacidad de actuar con inteligencia y eficacia.*

Chakra: Corazón, 4
Tercer Ojo, 6
Color: Verde, índigo
Mantra: **ATMA PARMATMA GURU HARI**
(El Alma, el Alma Suprema, el Maestro con Su Supremo Poder y Sabiduría)
Repita el mantra mentalmente con cada respiración.

Siéntese con la espalda recta. Doble los codos y eleve las manos con las palmas hacia su pecho, de modo que se superpongan y se toquen a nivel del corazón, unos centímetros separadas de su cuerpo. Los dedos de ambas manos están extendidos y las palmas miran hacia el cuerpo. La palma de la mano derecha descansa sobre el dorso de la mano izquierda. Presione las puntas de los pulgares una contra otra y mantenga las manos y los antebrazos paralelos al suelo. **Respiración:** Inhale profunda y lentamente, retenga la respiración diez segundos y exhale durante diez segundos. Espere diez segundos antes de inhalar otra vez. Mantenga la postura unos minutos y luego relájese.

Mudra para Tranquilizar la Mente

Un mar o un océano en calma ...así es como debería estar nuestra mente. Acaso sea necesaria toda una semana de práctica diaria de este mudra para conseguir encontrar el camino hacia una vida más serena y llena de paz, pero de cualquier modo este mudra será eficaz.

Este antiguo mudra fue transmitido por Buda a sus discípulos para complacer y tranquilizar sus mentes. Produce un cortocircuito en la energía cargada de obsesiones y preocupaciones y la reemplaza con una vibración útil y relajante.

Chakra: Plexo solar, 3
Corazón, 4
Garganta, 5
Tercer Ojo, 6
Color: Amarillo, verde, azul, índigo
Mantra: **MAN HAR TAN HAR GUURU HAR**
(La mente con Dios, el Alma con Dios, la Guía Divina y su Suprema Sabiduría)
Repita el mantra mentalmente con cada respiración.

Siéntese con la espalda recta y con los codos doblados, levante las manos a la altura del ombligo. Doble los dedos índices en dirección a las palmas y presiónelos a lo largo de la segunda articulación. Extienda sus dedos medios de modo que las yemas de los dedos se toquen mientras apuntan hacia delante de su cuerpo. Doble los otros dedos junto a su palma y deje que los pulgares se toquen mientras apuntan en dirección a su cuerpo. Mantenga el mudra a unos pocos centímetros des u cuerpo, con los codos y las manos a un mismo nivel.

Respiración: Prolongada, profunda y lenta. Mantenga la postura durante unos minutos y concéntrese.

Mudra para Disminuir las Preocupaciones

Todos tenemos preocupaciones. A veces nos preocuparnos por costumbre, pero sin embargo, hay ocasiones en las que debemos afrontar realmente difíciles desafíos. Independientemente de la magnitud de nuestros problemas, es posible tener una mejor perspectiva de las dificultades y asumir la responsabilidad de nuestra vida con este mudra.

Este mudra disminuirá sus preocupaciones.

Chakra: Corazón, 4
Garganta, 5
Tercer Ojo, 6
Color: verde, azul, índigo

Siéntese con la espalda recta y junte sus manos frente a su pecho, con las palmas hacia arriba. La parte lateral de los dedos meñiques y la parte interior de las palmas están en conacto. Los dedos medios están perpendiculare a las palmas y sus puntas se tocan. Los pulgares están extendidos. Mantenga el mudra frente a su pecho.
Respiración: Prolongada, profunda y lenta. Continúe durante algunos minutos y a continuación relájese.

Mudra para Eliminar la Depresión

Para esas ocasiones de la vida en las que todo parece sombrío, le recomiendo hacer el esfuerzo de practicar este mudra durante solo once minutos; muy pronto comprobará que los sentimientos negativos disminuyen. Practíquelo una vez al día durante una semana y observe la diferencia. (Si su depresión ha durando dos semanas, debe consultar con su médico.)

El poder de este mudra le ayudará a curar la peor de las depresiones. La posición de sus brazos, de sus manos y de sus dedos enviará vibraciones sanadoras y positivas a los centros cerebrales estimulando sus glándulas para que le ayuden a eliminar esta situación.
Debe practicarlo al menos once minutos cada vez.

Chakra: Corazón, 4
Garganta, 5
Tercer Ojo, 6
Color: verde, azul, índigo
Mantra: **HARI NAM SAT NAM**
SAT NAM HARI NAM
(Dios es Verdad en Creación)
Repita el mantra mentalmente con cada respiración.

Siéntese con la espalda recta. Estire sus brazos frente a su cuerpo con las manos al nivel del corazón. Junte los dorsos de sus manos, con los dedos apuntando hacia fuera de su cuerpo y asegurándose que casi todos las nudillos se tocan. Los antebrazos deben estar paralelos al suelo y los pulgares apuntan hacia abajo. Este mudra crea una gran tensión en el dorso de las manos y no debe practicarlo si siente demasiada tensión en los músculos o tendones.
Respiración: *Prolongada, profunda y lenta. Continúe durante al menos once minutos y sienta cómo disminuye la depresión con cada exhalación hasta que perciba que ha desaparecido.*

Mudra para Tener Confianza en sí Mismo

Es necesario tener una mente, un cuerpo y un espíritu positivos para satisfacer nuestros deseos. La práctica diaria de este mudra modificará su vida y le hará sentirse tan seguro que inspirará a las demás pesonas.

El poder de este mudra regula la energía de los centros de percepcíon del cerebro y mejora su proyección de energía positiva. Tambíen previene los pensamientos y las acciones contraproducentes.

Chakra: Plexo solar, 3
Tercer Ojo, 6
Color: Amarillo, índigo
Mantra: **EK ONG KAR SAT GURU PRASAD
SAT GURU PRASAD EK ONG KAR**
(El Creador es Uno que Disipa la Oscuridad y nos Ilumina con Su Gracia)
Repita el mantra mentalmente con cada respiración.

Siéntese con la espalda recta. Levante sus manos hasta colocarlas entre el estómago y el corazón, con los codos extendidos a los costados de su cuerpo. Ponga en contacto los nudillos de los últimos tres dedos. Apunte con sus dedos índices hacia fuera de su cuerpo con las yemas de los dedos juntas. Apunte con sus pulgares hacia atrás en dirección a su cuerpo, lo más lejos posible; los pulgares se tocan desde el último nudillo hasta la punta. Sus pulgares están en contacto con su cuerpo en el centro del plexo solar.
Respiración: Prolongada, profunda y lenta. Mantenga la postura durante unos minutos y luego relájese.

Mudra para Hablar Correctamente

Hablar correctamente es uno de los cinco preceptos o virtudes que enseñó el Buda para recorrer el camino espiritual. Una clara comunicación es esencial para nuestra supervivencia. "Piense antes de hablar" es un buen consejo, sin embargo, a veces nos sentimos tentados de reaccionar o responder impulsivamente haciéndonos daño a nosotros mismos o hiriendo a terceras personas. Este mudra representa la clave para hablar correctamente y controlar sus emociones. Le ayudará a decir lo que desea para conseguir lo que quiere. Ganará amigos y no enemigos.

Este mudra logrará que lo que usted dice coincida con sus verdaderas intenciones. También le ayudará a evitar pronunciar lo que no desea decir.

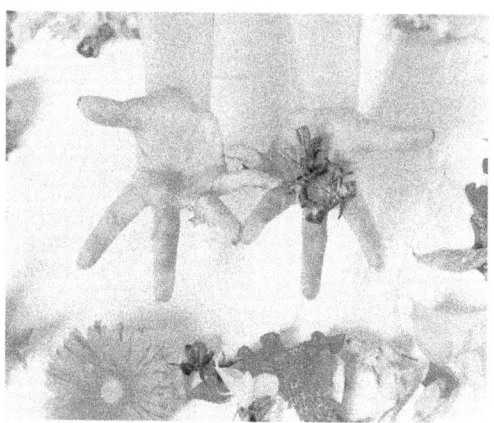

Chakra: Plexo solar, 3
Garganta, 5
Color: Amarillo, azul
Mantra: **HAR DHAM HAR HAR**
(Dios es el Creador)
Repita el mantra mentalmente con cada respiración.

Siéntese con la espalda recta. Relaje sus brazos y mantenga los codos a los costados de su cuerpo; coloque las manos frente a su estómago con las palmas abiertas y hacia arriba. Abra suavemente los dedos y deje que las puntas de los dedos anulares se toquen. El dedo meñique de la mano derecha está debajo del meñique izquierdo. Ahora concéntrese u tense el pulgar y los dedos índices sin mover el resto de los dedos. Mantenga la postura unos segundos y descanse. Ahora tense el pulgar y los dedos medios, sin mover los otros dedos. Mantenga la postura unos segundos y relájese. A continuación tense el pulgar y los dedos anulares. Mantenga la postura y descanse. Para finalizar, tense el pulgar y los dedos meñiques, mantenga la postura unos segundos y relájese. Repita el ciclo invirtiendo los dedos meñiques y descanse.

Respiración: Prolongada, profunda y lenta.

Mudra para Desbloquear la Mente Subconsciente

En nuestra mente subconsciente disponemos de la memoria y de los efectos de las experiencias negativas y positivas. La energía de estos recuerdos negativos - aunque sean inconscientes - puede impedir que alcancemos nuestro verdadero potencial. Usted puede recurrir a la memoria subconsciente, abrirla y liberarla de sus bloqueos energéticos practicando este mudra, que se encarga de abrir un espacio para que fluya la energía positiva y renovada. Luego puede volver a concentrarse en sus pensamientos y en sus actividades para cumplir la misión que tiene en esta vida.

Este mudra le ayudará en el proceso de la propia evaluación y transformación estimulando los puntos del Tercer Ojo con los pulgares y los dedos.

Chakra: Tercer Ojo, 6
Corona, 7
Color: índigo, violeta
Mantra: **ONG NAMO GURU DEV NAMO**
(Reverencio la Infinidad del Creador, Invoco la Consciencia Creativa Infinita y la Sabiduría Divina)
Repita el mantra mentalmente con cada respiración.

Siéntese con la espalda recta. Relájese y levante sus brazos por delante de su cuerpo con los codos doblados, de manera que las manos se sitúen frente a su estómago. Doble sus dedos para que las yemas toquen los montes carnosos en la base de los dedos. Las puntas e los pulgares están unidas y los nudillos de los dedos medios están en contacto. Los demás dedos no se tocan. Apunte con sus pulgares hacia el centro del corazón. Concéntrese en el calor que se ha generado entre los pulgares.
Respiración: Prolongada, profunda y lenta. Mantenga la postura durante unos minutos y relájese.

Mudra para la Compasión

Cada uno de nosotros ha nacido rodeado de un entorno y unas circunstancias diferentes. Algunas personas parecen ser más afortunadas que otras, de modo que debemos recordar en todo momento nuestras bendiciones y sentir compasión por los que tienen menos fortuna que nosotros. Nunca es posible imaginar realmente la situación de otra persona a menos que se haya vivido una experiencia similar. No juzgar a los demás y albergar compasión en nuestros corazones es la clave para progresar en nuestro camino espiritual y para enviar energía positiva a todo el universo.

Este mudra conecto el centro de la compasión que está en el corazón con la energía sanadora de las manos. Aumenta la circulación de la sangre hacia el cerebro, despeja la mente y mejora la concentración.

Chakra: Corazón, 4
Color: Verde
Mantra: **AKAL AKAL SIRI AKAL**
(Lo Eterno es El Uno Que Alcanza la perfección del Espíritu)
Repita el mantra mentalmente con cada respiración.

Siéntese con la espalda recta. Extienda los brazos a los lados del cuerpo, paralelos al suelo y con las palmas hacia delante. Estire los dedos y manténgalos en esa posición. Gire la cabeza hacia la derecha y luego otra vez hacia el centro cuatro veces, luego hacia la izquierda y nuevamente hacia el centro otras cuatro veces. Continúe unos minutos y concéntrese en el centro del corazón. Tome consciencia de la energía que emanan sus manos.

Respiración: *Inhale pausadamente mientras mueve la cabeza hacia la derecha y exhale lentamente mientras vuelve al centro. Repita el procedimiento para el otro lado. Relájese y permanezca sentado, quieto y en silencio durante unos minutos.*

Acerca de la Autora

Sabrina Mesko Ph.D.H. comenzó a estudiar ballet a la edad de tres años y fue aceptada an un compañía profesional cuando a penas era una adolescente. Mientras se recuperaba de una lesión de espalda, descubrió su pasión por el yoga, que se convirtió en su rutina diaria, una disciplina que habría de mentener a lo largo de toda su carrera y durante el resto de su vida.

Mientras viajaba alrededor del mundo como una bailarina de Broadway, Sabrina interpretó dos papeles de protagonista en la televisión europea y también comenzó a cantar y a componer música. El primer encuentro que tuvo Sabrina con un maestro de yoga hindú se produjo en Nueva York. Su objetivo de combinar la iluminación espiritual y la expresión a través de la música la condujo hasta Los Angeles. Mientras grababa sus propias composiciones, comenzó un estudio intensivo de diversas enseñanzas espirituales y de las técnicas de meditación de yoga; además, asistió a un curso de enseñanzas de cuatro años con el renombrado maestro Paramahansa Yogananda, con quien aprendió el Kriya Yoga.

Sabrina se graduó con matrícula de honor en la internacionalmente conocida Escuela de Yoga de la India y se convirtió en una terapeuta de yoga diplomata. Continuó estudiando técnicas de respiración sanadora con el maestro Sri Sri Ravi Shankar.

Tiene un diploma en Enfoques Sensoriales de la sanación, un máster en Ciencia Holística y un doctorado en Antiguos y modernos Enfoques para la sanación por el Instituto Americano de Teología Holística. Se ha sentido impulsada a desarrollar su propio programa de yoga, y durante le enseñanza privada pudo comprobar la poderosa transformación que se operaba en la vida de sus alumnos. Los efectos sanadores de su práctica les proporcionaba un estado de calma, de confianza an sí mismos y de goce.

Su fascinación por el estudio de los poderosos gestos con las manos, los mudras, la condujo al único maestro mundial de Yoga Tántrico Blanco. Reconociendo la misión de Sabrina, el maestro le confío las técnicas sagradas de los mudras y le solicitó que asumiera la responsabilidad de divulgar este antiguo y poderoso conocimiento en todo el mundo.

Como doctora en Teología de la Salud, la autora se dedica a su trabajo de sanación utilizando el poder de la música y la danza. Sabrina combinó toda su experiencia y su conocimiento para crear proyecto instructivos y esclarecedores dedicados a propocionar amor, paz y tolerancia al planeta.

www.sabrinamesko.com

www.ingramcontent.com/pod-product-compliance
Lightning Source LLC
Chambersburg PA
CBHW080556090426
42735CB00016B/3258